Wolfgang Nitschke

Bestsellerfressen

Eine literarische Schlachtplatte

Mit Fotos von
Ilona Klimek

Critica
Diabolis
84

Edition
TIAMAT

INHALT

Häuptling »Weise Strähne«
»Vier Zeiten – Erinnerungen« von Richard v. Weizsäcker
– 10 –

Frau Gräfin und ihre kleinen Katastrophen
»Zivilisiert den Kapitalismus« von Marion G. Dönhoff
– 14 –

Völker der Welt, schaut auf diesen Mann!
»Schein und Wirklichkeit« von Edzard Reuter
– 17 –

Als Praktikant beim Herrn der Sterne
»Jürgen E. Schrempp« von Jürgen Grässlin
– 21 –

Die Wirklichkeit ist anders als die Realität
»Helmut Kohl – Anatomie eines Erfolgs« von Jürgen Busche
– 26 –

Die Korinthenkacker sind nicht fern
»Fetter Bauch regiert nicht gern«
von Hans Herbert v. Arnim
– 30 –

Dolgenbrodt und Spiele
»Absahnen und Abhauen« von Günter Ogger
– 35 –

Baring auf der Halbleiter
»Scheitert Deutschland?« von Arnulf Baring
– 39 –

Guido Knopp und Die wilde 13
»Hitlers Helfer – Täter und Vollstrecker«
von Guido Knopp
– 42 –

Porno im Politbüro
»Das Schwarzbuch des Kommunismus« von Courtois u.a.
– 47 –

It's not a Love Song
»Der Terror der Ökonomie« von Viviane Forrester
– 51 –

**Mit dem Didgeridoo
gegen die Schwanzgesellschaft**
»Machiavelli für Frauen« von Harriet Rubin
– 56 –

Von Austern in kleingehackten Hoden
»Aphrodite – Eine Feier der Sinne« von Isabel Allende
– 60 –

Deiladydodidei
»Diana« von Andrew Morton
– 65 –

Fleischtöpfe für die Frauen
»Gute Mädchen kommen in den Himmel, böse überallhin«
plus »Jeden Tag ein bißchen böser« von Ute Ehrhardt
– 67 –

Scheiß der Hund drauf!
»Sorge Dich nicht, lebe!« von Dale Carnegie
– 73 –

Die Noelle, der Sachs und der Volkskörper
»Die Akte Astrologie« von Gunter Sachs
– 76 –

2001 oder 2003 is' alles vorbei
»Der Bibelcode« von Michael Drosnin
– 80 –

Völkermord und Büßergürtel
»Der Vatikan« von Guido Knopp
– 84 –

Liegestützen für das Volk
»Die 5 Tibeter« von Peter Kelder
– 88 –

Schaitan im Land der Liebe
»Lügen im Heiligen Land« von Peter Scholl-Latour
– 93 –

Unter Negern
»Der Efendi wünscht zu beten« von Marion G. Dönhoff
– 97 –

Wieher im richtigen Leben
»Der mit den Pferden spricht« von Monty Roberts
– 102 –

Das 20. Jahrhundert hat fertig!
»James Camerons Titanic« von Ed W. Marsh
– 107 –

Alice und Sissi – ein Heimatfilm
»Romy Schneider – Mythos und Leben« von Alice Schwarzer
– 110 –

Wechseljahre
»Das Lexikon der Öko-Irrtümer« von Maxeiner/Miersch
– 115 –

Fuck the World and make yourself happy
»In eisige Höhen« von Jon Krakauer
– 119 –

Wer's glaubt, wird yetisch
»Yeti – Legende und Wirklichkeit« von Reinhold Messner
– 124 –

Häuptling »Weise Strähne«

»Vier Zeiten – Erinnerungen«
von Richard von Weizsäcker

Liebe Leser!

Der liebe Gott war wahrscheinlich außer Haus, ohnmächtig, oder ist erst gar nicht gefragt worden. Vielleicht fällt die Spiegelbestsellerliste auch einfach nicht in sein Ressort. Sei's drum. Lange Zeit auf Platz 1:

»**Vier Zeiten**« – eine Autobiographie, selbst gestriegelt und gepinselt von Richard Freiherr von Weizsäcker, eine Autobiographie, die es in sich hat, und zwar alles: Auto, Bio und Buchstaben. Allerdings nur: von Leben keine Spur!

Vom ersten bis zum letzten Rauchzeichen gelingt »Häuptling 8. Mai« die atemberaubende Spannung und atmosphärische Dichte von vergammeltem Kaugummi aus Poona.

Kostprobe? Na gut.

»**Die Mutter begleitete die Entfaltung eines jeden ihrer Kinder mit der tiefen Kraft ihrer Liebe. Ein lautes Wort habe ich zeitlebens nicht von ihr gehört.**«

»Leider, leider!« möcht' man schrei'n.

Zu der abenteuerlichen Macke, selbst jahrzehntelangen Briefwechsel von Alpha bis Omega zu reimen und zu versen, gesellt sich am Hofe derer von Weizsäcker noch der Hang, feine, feine Aquarelle zu äh ... quarellieren.

Aber um die tiefe Tiefe der selbstlosen Selbstlosigkeit unseres adeligen Albinos in seiner gänzen Gänze wirk-

10

lich voll zu checken, muß man wohl wissen, daß das esoterisch-nekrophile Rumgekleckse mit Wasser, Farben und viel Gedähs, also Aquarellieren, als familiärer Zwang quasi die gesamte Sippschaft versippt hat:

Der Oppa aquarellierte, die Omma aquarellierte, die Uromma sowieso, der Uroppa auch, Enkel, Tanten, Onkel, einfach alle. Da aquarellierte zusammen, was nicht ganz dicht war, und was wohl jeden einzelnen dieser schrecklich netten Mischpoke davor bewahrte, selbst und ganz ins Wasser zu gehen.

Kostprobe! Und wieder muß die Mama ran.

»Das Aquarellieren wurde ihr zur zweiten Natur.«

So, es reicht! Ich will hier nicht den Eindruck erwecken, als hätte Richard Freiherr von Mumpitz die Chronik der größten Aquarellierer-Dynastie aller Zeiten dahingemacht. Denn nicht zum Aquarellieren ward er geboren, sondern zum Delirieren. Wobei in seinem Delirium das Aquarellirium immer auch ein stückweit durchnäßt.

Kostprobe. Und wieder muß die Mama ran:

»Argumentiert sie im Gespräch, dann geschieht es nicht mit den scharfen Instrumenten des Holzschnittes, sondern mit dem Zauber zarter Wasserfarben (da sind sie wieder), **die aus tiefen Quellen entspringen.«** Hm.

Nun ist es aber auch nicht so, daß der feine Herr Freiherr seine ganze lange Schwarte lang nur über die liebe Mama labern täte. Im Gegenteil. Frauen kommen im Leben dieses Feministen der 1. Stunde praktisch überhaupt nicht vor. Nicht mal seine eigene.

Halt stop, stimmt nicht! Mindestens drei Mal erwähnt er »**Mariannes stets sachkundige und liebevolle Betreuung des Gartens der ganz und gar nicht protzigen Villa Hammerschmidt**«.

Und auf einem Photo sieht man sie ganz allein, wie sie am ganz und gar nicht protzigen Gartentisch der ganz und gar nicht protzigen Veranda in ein Büchlein schaut, ganz allein, mit dem Titel:

»Suchtkranke in der Nachsorge – Inhalte, Angebote, Erfahrungen«.

Nein, das Weib is' nix für Weizifeixi; er hat's da lieber mit »**großherzigen, bescheidenen heilignüchternen Männern voller Reife ihres Wesens und bewegender Anteilnahme, ausgestattet mit der liberalen Distanz zu Bürokratie und Parteien und lebenslanger Treue zum König.**« Und alle Mann samt und sonders mit der »**nur ihnen eigenen, unvergleichlichen, persönlichen, ja, individuellen, unverwechselbaren**« ...Unverwechselbarkeit.

Da schießen sie wie Glibbermorchel aus der Fäulnis, die Jungs mit »**ihren guten Augen und warmen Herzen, ihrer forschenden Suche, neugierigen Hingabe und ihrem sicheren Stilgefühl**«.

Einer von diesen Typen hat sogar gleich drei Marotten anner Hacke, und zwar »**die Triade der Nützlichkeit, der Festigkeit und der Schönheit.**« Und »**nicht selten werden dann die Klingen gekreuzt.**«

Daß sich da seine einsame Frau und Rasenmäherin über Angebote und Erfahrungen von Drogisten aller Art informiert, das macht sie dem Leser direkt noch sympathischer.

Egal.

Kehren wir zurück zu Richard, dem Unverwechselbaren. Daß unserem Häuptling »Weise Strähne« bei seinen »**denkwürdigen, zutiefst menschlichen Begegnungen**« schnurzpiepenschnuppi ist, welche unverwechselbare Kreatur er jetzt wieder zulallt, ist klar; ob Bischof Tutu oder Friedrich Nawatnu, Schewardnadse oder die heiligen Drei Könige, Ernst Jünger oder Prinz Bupupil, der noch Jüngere – es ist gehüppt wie gedüppt.

Und daß er »**alle seine besonders wertvollen Gesprächspartner**« mit der verschimmeltsten aller verschimmelten Innerlichkeits-Prosa vollschleimt und damit eigentlich nur sich selber meint, ist wohl die un-

12

angenehmste Wahrheit, die diese 835 Gramm schwere Worthülse offenbart, diese unappetitlichste Selbstvergottung, die jemals zwischen zwei Buchdeckel gewürgt worden ist.

Bei soviel taktisch klugem Realitätsverlust ist es dann auch kein Wunder, daß der gute Sohnemann seinen Papi nachträglich zum lebenslangen Widerstandskämpfer hochphantasiert, zu einem Widerstandskämpfer gegen die sog. »**Dämonie des Bösen**«, oder auch »**Dunkle Zeit**« genannt; ausgerechnet seinen Papi, einen Mann, der bis 1943, wo alle Öfen auf Hochtouren liefen, als Unterschriftenautomat im Auswärtigen Amt aber auch noch unter jede Transportliste sein »Heile, heile Gänschen« setzte.

Und alle sind sie Opfer: der, der glaubte, und der, der dran glauben mußte. Vom »Weizsäckern«, also von der hohen Kunst der Gleichmacherei, hätte sich Pol Pot noch eine Scheibe abschneiden können.

Ein altes, fundamentalterroristisches Prinzip aus Algerien lautet:
    »Bestreiche die Schnauze deines Kojoten mit Käse, und die ganze Welt wird ihm gleich – Schmierkäse.«
    Gute Nacht.

(Januar 1998)

13

Frau Gräfin
ihre kleinen Katastrophen

»Zivilisiert den Kapitalismus«
von Marion Gräfin Dönhoff

Liebe Leser!

Wir alle wissen, wie schwer es unsere älteren Mitbürger haben. Udo Jürgens mag uns ja auf allen Klavieren noch rüstig einen vorträllern, aber so leid es mir tut:
Mit 66 fängt das Leben nun mal nicht an!
Mit 66 is' man 'ne Ecke hinterm Rubikon!

Der normale 80 bis 90-jährige von heute wirft entweder aufgrund galoppierender Vertrottelung sein Lieblingsessen an die Wand oder fängt an zu riechen. Strafprozesse werden mit schöner Regelmäßigkeit wegen Verhandlungsunfähigkeit eingestellt, und erinnern kann er sich nur noch an den gewaltigen Autobahnbau und an die anschließende Flucht aus Ostpreußen.
Um so erstaunter ist man dann, wenn so ein Wesen plötzlich noch ein Buch veröffentlicht! Nein, nein, die Rede ist nicht vom Großen Bimbam aus Rom, auch nicht von ... Guido Westerwelle.
Die Rede ist von einer vollblütigen Preußin, einer sehr antiken Gräfin, einem unverwüstbaren Superweib, die Rede ist von: **Frau Marion Gräfin Dönhoff**, einer rustikalen alten Schachtel, die 1909 irgendwo im Osten in die Welt geworfen wurde, und zwar direkt ins eigene Schloß Friedrichstein zu Löwenhagen, die dann bis '46 viel Unwahrscheinliches erlebte und seitdem in der größten deutschen Wochenzeitung alle sieben Tage

mehr und mehr das »Zeit«-liche segnet, ohne daß ein Ende abzusehen wäre.

Diese völlig unhippe Xanthippe hat also der Welt ein Buch geschenkt – quanta costa 36 Piepos –, welches wohl, so wie ich die heillosen Erfolge der Schulmedizin einschätze, nicht ihr letztes bleiben wird. Titel: »**Zivilisiert den Kapitalismus!**«

Jetzt könnte man sagen: Na gut, alter Hut! Aber ... zivilisier' du man! Und vielleicht wird eines Tages auch Frau Gräfin einsehen, daß diese Forderung Quatsch ist; so Quatsch ist, wie Norbert Blüm Quatsch ist, vom Quatsch-Scheitel bis zur Quatsch-Sohle.

Zweidrittel der Menschheit kann da nämlich ein Lied von singen, ein Quatsch-Lied; sogar die schon sprichwörtlichen »40 Tausend Kinder pro Tag in der 3. Welt« könnten das, ... wenn ihnen genug Zeit bliebe ...

Nein, was der Gräfin durch den Kalk zischt, ist vielmehr folgendes: »**Zerrüttete Familien, Schulen ohne Autorität, Sex- und Horrorfilme, Egozentrik und Mangel an Gemeinsinn. Unsere westliche Gesellschaft ist zu einer Raff-Gesellschaft degeneriert.**«

Ach ja, die Raf ... äh, wo war ich, ach so: Raff-Gesellschaft. Dieser immergleiche, brahamamanische Ramadan- und Kanzelquark steht nicht nur auf Seite 111, sondern auf jeder zweiten Seite, ungelogen, und 223 Seiten hat das Buch.

Und damit niemand glaube, ich wolle der Gräfin was unterjubeln, Achtung, Deckung ... brrrrrrr zack Seite 28: »**Zerrüttete Familien, Schulen ohne Autorität, Sex und Horror und Mangel an Gemeinsinn.**«

Doch nicht nur die »**hedonistischen**« Zahnspangen kriegen ihr Fett ab; auch der »**Politiker und der Wirtschaftskapitän**«. Fast alle sind sie »**korrupt, verdrossen**«, bös und fies. Vor allem hat keine Sau mehr »**irgendwelche Visionen**«. Keiner will mehr »**orakeln**«.

Aber Frau Gräfin wäre nicht Frau Gräfin, wäre sie nicht diplomiert in toter Geschichte. Und schon haben wir's, dat dicke Orakel:

»Von der Renaissance bis zum 1. Weltkrieg gab es eine europäische Geistesgeschichte. Jahrhundertelang war es der Geist, welcher der Politik den Anstoß gab.«

Öh ... der Geist? ... hm, der Hl. Geist? Der Poltergeist? Der Klosterfrau-Melissengeist? Ah, Frau Gräfin dachte da wohl an den Geist von Richard von Weizsäcker. Ich jedoch nehm' eher an, es war der Geist von Fritz Honka.

Einmal wird Marion Gräfin Dönekes ganz grundsätzlich: **»Etwas muß ganz grundsätzlich anders werden. Jeder junge Mensch will sich bewähren. Es ist höchste Zeit, die Gelegenheit dafür zu schaffen bzw. einen Sozial- und Gemeinschaftsdienst einzurichten.«**

Und dann morakelt's mächtig Richtung Eingemachtes: **»Vielleicht brauchen wir eine kleine Katastrophe, um die ausufernden Ansprüche der Menschen wieder auf das herkömmliche Maß zurechtzustutzen.«**

Ich aber orakele, daß bei der Gräfin sich die Biologie bald meldet. Und mit Westerwelle, liebe Leser, werden wir ja wohl alleine fertig.
Gute Nacht.

(Januar 1998)

16

Völker der Welt,
schaut auf diesen Mann!

»Schein und Wirklichkeit«
von Edzard Reuter

Liebe Leser!

Der große Verleger Wolf Jobst Siedler, der Ältere, hat in seiner Senilität schon wieder ein großes Buch verlegt, und zwar die Lebenserinnerungen vom letzten großen Vorsitzenden und frustrierten Großfiesionär von Daimler-Benz, dem großen deutschen Sozialdemokraten Edzard Reuter; einem Trauerkloß von Mann, den nicht wilde Tiere von der Rollbahn kippten, sondern seine eigenen Spießgesellen aus Untertürkheim.

Wenn jetzt wenigstens der große Lektor des Verlages, der große Wolf Jobst Siedler, der Jüngere, auch nur halbwegs auf zack gewesen wäre, hätte er dem Edzard verklickert:

»Der Titel ›**Schein und Wirklichkeit**‹ is’ okay, die Photos auch; komm, laß uns ’nen Bildband draus machen.«

Aber nein, nicht mal zum Kürzen kam er vorbei. Dabei hätten die 480 Seiten dicke auf 1 Seite gepaßt. Und dort hätte man dann lesen können:

»Mein Vater war der große Ernst Reuter. Meine Mutter war die große Hanna Reuter. Und ich, ich war der große Edzard Reuter.« Schluß. Punkt. Aus! Vielleicht noch:

»Ich bin wie Vater und Mutter, nämlich deutsch und Sozialdemokrat, und zweitens habe ich mir für meinen militär-industriellen Komplex persönlich den Arsch aufgerissen. Aber kein Mensch bei Mercedes hat meine Vision gerafft. Mit Ausnahme der Raf.«

So, das ganze Elend in fettes Sütterlin und großen, dicken Buchstaben. Dazu zwei, drei Hardcore-Bildchen, eingebunden in sozialdemokratisches Schweineleder, und ab die Laube!

Gut, alternativ zu den großen Buchstaben hätten's auch kleine getan. So wäre noch Platz gewesen für:

»Meine Hobbies sind Skilaufen und Pferdereiten, Flugzeugfliegen und Autofahren. Dann kann ich noch Goethe, ziemlich gut tanzen und die abendländische Belletristik und natürlich die ganze schöne europäische Literatur seit Gutenberg. Meine allertiefsten Erlebnisse hatte ich jedoch, mit Verlaub, wenn ich bei meinen Alpinwanderungen in der Dämmerung das Matterhorn erblicken durfte.«

Liebe Leser, Sie merken: Spätestens hier hätte der Lektor wieder eingreifen müssen. Da die Seite damit allerdings noch nicht voll gewesen wäre..., schnell noch den Rest:

»Natürlich haben auch viele Maulhelden, Heuchler, Neidhammel meinen Lebensweg gekreuzt, doch meine ständige Ratgeberei und die ungezählten warmherzigen Treffen mit weltoffenen Männern aus aller Welt ließen mich vieles vergessen machen ...«

Yo! Das wär's an sich gewesen, und kein Mensch hätte mehr danach gekräht. Aber nein, es mußte ja unbedingt dieser ungeschlachte Schinken mit den 480 Seiten sein.

Liebe Leser, auch wenn Edzard, der größte legale Waffenhändler seit Erfindung des legalen Waffenhandels, bis heute wahrscheinlich nicht mal eine Pferdebremse erschossen hat, so hat er zumindest dem Satzbau und der deutschen Grammatik den Krieg erklärt.

Und ganz super: Alles, was aus seinem Kuli fließt,

wird superlativ, oder wie Supermann selber fabulieren täte: superlativst. Da ist dann auch nichts mehr bleibend, sondern »**bleibendst**«, wie die Rückschau auf seine Lausbubenzeit zeigt:

»**Meine bleibendste Erinnerung waren jedoch die Nächte, die ich, auf dem sommerwarmen Boden liegend, bewaffnet mit einem Feldstecher, beim Betrachten des funkelnden Sternenhimmels verbrachte ...**« Da hatte er wohl oben den Großen Weizsäcker schimmern sehen, oder was. Egal. »**... Sprachlose Ehrfurcht vor den**« – und jetzt kommt's – »**Geheimnissen des Weltalls und der Schönheit dieses Augenblicks vermischten sich.**«

Die Geheimnisse des Weltalls vermischten sich mit der Schönheit des Augenblicks?

Oder verwischte sich da die Sprachlosigkeit vor lauter Ehrfurcht im Augenblick einer geheimnisvollen Schönheit mit sich selbst, und also mit dem Weltall, und also mit ihm?

Oder ... oder hatte da einfach nur wieder der Lektor gepennt? Na, wer weiß.

Aber hey! Wenn ihm sein exorbitanter Deutschlandfimmel hochkommt, ach ... da wird er wieder rot und zart und smart, uns' Edzard, der Sozialdemokrat.

Bei Edzard nämlich, der seine erste Frau überhaupt nicht und von seiner zweiten nicht mal den Namen erwähnt, hört sich das dann so an:

»**Das Wort von Gustav Heinemann, er liebe nicht sein Volk, sondern seine Frau, mag durch seine kluge Ironie beeindrucken; für mich bleibt es dennoch nicht mehr als ein Aperçu, denn einen grundlegenden Unterschied vermag ich nicht zu erkennen.**«

Es ist immer dasselbe: Kaum wandern die Gedanken durch das Vaterland, steht er stramm und vergewaltigt seine Muttersprache.

Trotzdem und alledem, den Schluß, den soll der Edzard machen, Edzard, der Sozialdemokrat:

»Dann zieht es dich in die Ruhe der Bergland-
schaft, die dich daran erinnert, wie unwichtig du
bist angesichts der Wunder dieser Welt. Die Gem-
sen, die dir bei deinen Skiwanderungen zuschau-
en, gemahnen dich, daß auch dein Leben endlich
ist.«

Ja, so wird's wohl sein.
Gute Nacht.

(Mai 1998)

Als Praktikant beim
Herrn der Sterne

**»Jürgen E. Schrempp«
von Jürgen Grässlin**

Liebe Leser!

Freiburg ist 'ne schöne Stadt,
Die Sonne scheint ohn' Unterlaß,
Die Dreisam macht die Fische naß,
und in der von Ozonkillern gesäuberten Einkaufszone
muß man nur ein bißchen aufpassen, daß man sich beim
Überqueren der offenen Gullis nicht das Genick bricht.
Wie gesagt: Freiburg ist 'ne schöne Stadt.
Zur Zeit ... öh, wo wollt' ich hin? Ach ja.
Zur Zeit geistert durch die tote Sachbuchwelt eine Bio-
graphie, die zwar so überflüssig ist wie eine dritte Knie-
scheibe, aber allenthalben wieder mal die Fragen auf-
wirft: Wie konnte das passieren? und: Wo war Gott?
Bzw.: Was soll der Scheiß?

Im Mittelpunkt dieser Sondermülldeponie residiert der
aus Freiburg stammende fleißigste Ballermänner- und
Dreckschleuder-Produzent der Milchstraße, der Mercedes-Mann und Weltranglisten-Asi Jürgen E. Schrempp.
   **»Ich habe nie ›Profit! Profit! Profit!‹ gesagt. Ein-
mal ›Profit‹ reicht. Ich stottere ja nicht.«** D...d...d...
d...d...donnerwetter, Herr Sch...Sch...Schrempp!
   Hach, Schrempp, wenn Sie stottern täten, das Buch
wäre aber auch ein dickes Ding geworden! Ganz zu
schweigen von der Uuunlllllleserlllllichkeit! Und der
unweigerlichen Ironie bei Sätzen wie:

**»Entlalalalassungen mamamachen mich betrof-
fen. Da da da hähä hängen gagaganze Fahamilien
drahahahahan.«**

Andererseits: Herr Schrempp, der Stotterer, der zeich-
net sich ja dadurch aus, daß er schneller denken als
sprechen kann, oder? Egal.

Aber sagen Sie mal: Wie fluppten denn die Gespräche
mit Ihrem bigotten Biographen? Diesem Jürgen Grässlin? Diesem Realschullehrer? Diesem fleißigsten
Schleimproduzenten vonne Milchstraße? Ach, sagen Se
nix; sonst stottern Se noch.

Liebe Leser, Jürgen Grässlin, der tatsächlich auch so
heißt und mittlerweile als fleißigster Realschullehrer
und Schleimbeutel wie kein and'rer Sabber seibern
kann, schrieb bis vor kurzem noch in den großen Pausen
und den Oster-, Sommer-, Herbst- und Winterferien
böse Bücher über Tellerminen und so; und so Sachen
wie: »Bei jeder Schweinerei ist Mercedes mit dabei!«
Heute sagt er:

**»Ach, ich hab schon so viele Bücher über Teller-
minen und so geschrieben; diesmal wollte ich ein
Managerprofil erstellen.«**

Gut, die Raf erstellte seinerzeit auch einen Haufen
Managerprofile. Doch mich deucht: Grässlins Profil ist
noch schärfer daneben:

**»Die Kritiker machen es sich allzu leicht, wenn
sie den Freiburger als fanatischen Formel 1-Fan
und bornierten Öko-Rambo abklassifizieren.«** Und
mit Pipi in den Augen: **»Immer noch ist der Freiburger als der rücksichtsloseste und machthungrigste
Topmanager verschrieen.«** Ach, wie gemein!

Und wie schnell einer verschrieen wird, das hat wahrscheinlich der Realschullehrer Grässlin zu Genüge am
eigenen Realschullehrerleib erlebt.

Die Stuttgarter Mord- und Totschlag-Bilanz und
90000 Entlalalassene sind dem Grässlin zu schwarz-
weiß. Grässlin will Zwischentöne. Grau soll es sein; bzw.
ganz gräulich:

23

»Womöglich kommen die menschlichen Züge des Freiburger Mercedes-Mann viel mehr im Kleinen zum Ausdruck.«

Und so trafen sich die beiden Jürgen im Allerheiligsten des »zupackenden ›Hands-on‹-Managers«, praktikanterweise allein sechs Mal, um angeblich ein Profil zu erstellen. Damit war der Damm gebrochen und Grässlin nicht mehr zu halten, so daß ihm solches aus den Griffeln glitschte:

»Der Freiburger Jürgen Schrempp gehört nicht zu den Softies und den Smarties. (...) Der Freiburger ist ein shooting-star, ein Wellenbrecher, ein musikalischer Trompeter. (...) Nach gewonnener Schlacht geht der Freiburger in die Küche und bereitet genüßlich Rühreier zu. (...) Dabei kann der Freiburger durchaus emotional werden. Leute, die er grade noch zusammengeschissen hat, verabschiedet er mit einem Lachen.«

Liebe Leser, wenn's Ihnen zu profil oder profan wird, sagen Sie's. Aber einer muß noch:

»Der Freiburger weiß, was er will, und wenn es sein muß, legt er noch eine (ja, was wohl?) Nachtschicht ein.«

In Grässlins Profil steckt neben viel Freiburg auch viel Politik und Wirtschaftsleben. Und man wundert sich, was dieser Schleimsack von Realschullehrer alles für Realität hält:

»Es kommt nicht alle Tage vor, daß ein Wirtschaftsminister sich von einem Konzernchef Konditionen diktieren lassen muß.« Nee, natürlich nicht. Nur wenn's sein muß, und von morgens bis abends, von Montag bis Freitag, und in so Extremfällen, wenn der Freiburger schu-bi-du die halbe Welt verkloppt und scha-la-la den Rest entlassen muß.

Liebe Leser, ich komme zum Schluß und damit zurück zur Eingangsfrage: Was soll der ganze Scheiß?

Nun, Jürgen Grässlin ist Freiburger wie der andere Jürgen auch. Früher hat er Tellerminen kritisiert; heute hat er eben Lust, in einem Buch 138 mal seine Heimat Freiburg unterzukriegen.

In Zeiten der Globalisierung und der Unübersichlichkeit ist jetzt anscheinend alles gehopst wie gesprungen; ob nun einer Tellerminen produziert oder auf sie drauf tritt. Solidarität herrscht offenbar nur noch zwischen denen, die aus demselben Gulli stammen.

Gute Nacht.

Nachtrag:
Im »Spiegel« lamentierte der grüne Gulli-Mann Grässlin neulich rum: »Mittlerweile bekomme ich bei Jürgen Schrempp leichter einen Termin als bei Joschka Fischer.«

Jürgen, weißt du was? Bei mir kriegst du immer einen Termin. Und bring' auch gleich den Weizsäcker mit.

Nacht!

(September 1998)

Die Wirklichkeit ist anders als die Realität

»Helmut Kohl – Anatomie eines Erfolgs« von Jürgen Busche

Liebe Leser!

Ich mach' es heute kurz. Sehr kurz. Sozusagen: Ratzfatzkurz. So kurz, daß Sie denken: »Holla, das war aber kurz.« Also: Keine ellenlangen Mätzchen, keine abschweifenden Hinführungen und keine hinführenden Abschweifungen. Vor allem keine ellenlangen Mätzchen! Mit anderen Worten: Cool, kurz und schmerzlos.

Ich bin nämlich der Meinung, weniger ist manchmal mehr, und in der Kürze liegt die ... ach so!:

»Helmut Kohl – Anatomie eines Erfolgs«, ein Buch..., Moment, sagt man »Buch«? Ja, ein »Buch« von Jürgen Busche!

So, das war jetzt schön kurz, und ich denke, es reicht! Gute Nacht.

»Komm, komm, komm«, werden Sie einwenden, liebe Leser. »Zwei, drei Sätzchen werden ja wohl noch drin sein!«

Na gut.

Das Buch, hm, ja das »Buch« ist 3 Zentimeter dick und wiegt 484 Gramm. Jetzt während des Wahlkampfes gibt's das Teil auch bei der Heilsarmee, in Tropfenform, als Schnabeltasse und je nach Geschmack auch als Zäpfchen. »Helmut Kohl« ist – und das ist wiederum ein Vorteil – kein Bestseller, genauso wie die andern 5000 Kohl-

Biographien, und deshalb muß auch niemand rumkrakeelen: »Schade um die schönen Bäume.«

So, gute Nacht.

Ah, ich hab noch was vergessen! Jürgen Busche, der Autor, oder andersrum: Der Autor Jürgen Busche ist heute Chefredakteur von irgendeiner Tageszeitung und ward aufgewachsen in ... Paderborn. Paderborn! A star was born in Paderborn.

Gut, wenn ein Menschenkind das Licht der Welt – wenn es denn da so was gibt – in Paderborn erblickt, ist das erst mal reine Privatsache, so wie der Schniepel des Präsidenten. Man könnte höchstens noch sagen: »Okay, dumm gelaufen.« Aber wenn im Klappentext steht: **»Wuchs in Paderborn und Fulda auf«**, dann ist das ja wohl Programm, wenn nicht zusätzlich noch mehr als mysteriös.

Und wo wir schon mal grad dabei sind: Was war los beim jungen Busche, nach Geschlechts- und Hochschulreife?

»Nach 2jährigem Militärdienst studierte er in Münster« – in Münster! – **»Philosophie, Germanistik und alte Geschichte.«** Germanistik und alte Geschichte.

Dann, folgerichtig, jahrelang bei der »Faz«, der »Hamburger Morgenpost«, der »Süddeutschen Zeitung«, und ein Jahr bis zur Pleite '97 war er Chef vom ostzonalen Tränensackblatt »Wochenpost«. Heute ist er Chefredakteur von irgendeiner Tageszeitung.

Nun, so was kann man ja alles machen, ist auch weiter gar nicht schlimm, aber – und jetzt kommt das große Aber – der Bursche war – zugegebenermaßen einer der vielen – Redenschreiber von, na? na?, richtig, Richard von Weizsäcker.

Gute Nacht.

»Oho, jetzt aber mal halblang«, werden Sie rufen. »Wenn das so ist, dann wollen wir aber noch mehr wissen, über dieses Kohl-Buch, äh, sagt man ›Kohl‹-Buch?« »Ja.«

»Gut, also, über dieses Kohl-Buch.«
Meinetwegen.
Ich wollte es kurz machen, aber: Leser, Dein Wille geschehe!

Ich lese jetzt, d.h. wir lesen gemeinsam einfach das Inhaltsverzeichnis runter. So, wie es im Buche steht. Und dann werden wir weiter sehen. Okay? Ready, steady, go:

Kohl studiert.
Kohl fängt an.
Kohl will Vorsitzender werden.
Kohl wird Vorsitzender.
Kohl will Kanzler werden.
Strauß will Kanzler werden.
Kohl wird Kanzler.
Kohl-Witze.
Kohls politische Ziele

Und am Ende dann noch:

Kohl und seine Freunde.
Kohl und der Osten.
Und: **Kohl tritt noch mal an.**

Liebe Leser, ich bin ein großer Fan von Enid Blyton, ob »5 Freunde auf Schmugglerjagd«, »5 Freunde im Burgverlies«, »Geheimnis um einen roten Schuh« oder »Zirkus der Abenteuer«. Aber kindliche Gemüter mit einem solch müden Abklatsch zu ködern! Ist das nicht schon Mißbrauch?!

Und denjenigen Lesern, die noch etwas Seriöses über Busches Buch erfahren möchten, sei gesagt: Den ganzen dicken, deutschnationalen Schinken lang wird Dumpfbacke in den Himmel gejubelt, samt seiner angeblichen »**unbestreitbaren Erfolge**« und dem »**instinktsicheren Niederwalzen innerparteilicher Gegner**«. Heiner Geißler kriegt wegen unchristlichen Verhaltens von Busche sogar persönlich noch einen übergezogen; ausgerechnet Geißler, der einzige Kreuzritter in der CDU, der den lieben Gott wahrscheinlich tatsächlich fürchtet.

Und Richard, der Weizsäcker, reitet natürlich auch schon mal durch diese unerträgliche, schwarzrotgüldene Buchstabensteppe, und zwar in seiner typisch artgerechten Haltung:

»Aufgewachsen auf märkischem Sand, konnte der Sproß einer protestantischen Adelsfamilie...«, aber ab da lese ich eh nicht mehr weiter. Wegen Ganzkörperherpes.

Am Ende jedoch geschieht ein Wunder. In seinem Resümee kommt uns Busche plötzlich mit so was wie Witz! Da blitzt ein Schalk durch die Zeilen, daß man denkt: Ja, hast du denn die ganze Zeit gepennt? Und so wollen wir ihn uns angucken, den Jürgen Busche-Scherz, in voller Länge:

»1982 wird Kohl Bundeskanzler. Man sieht, er kommt voran. Aber erkennbar ist auch: Außer ihm kommt wenig voran. Er ist da, aber man fragt sich: Wozu? Da scheint kein Staatsmann heranzureifen, dafür erlebt man einen Politiker, der sich wohlfühlt. Und man fragt sich: Warum?

Das Bild ändert sich schlagartig, als die Chance heranrückt, die Einheit Deutschlands wiederherzustellen. Das ist die Blütezeit Kohls: sie umfaßt 16 Monate.«

16 Monate!! Liebe Leser, ob die Einheit nicht doch eher eine Katastrophe ist, muß wohl ein Berufenerer herausklamüsern; aber ob das ein vernünftiges Verhältnis ist: 16 Monate zu 16 Jahren, ich denke, das kann man ziemlich kurz über'n Daumen peilen.

Gute Nacht.

(August 1998)

Die Korinthenkacker sind nicht fern

»Fetter Bauch regiert nicht gern« von Hans Herbert von Arnim

Der Abgeordnete – ein Gedicht

Wenn er zu Bonn rechtschaffen müd' nach hartem
   Arbeitstage,
Erschlagen durchaus auch schon mal vom Leerlauf,
   ohne Frage;
Wenn er mithin in endlos ellenlanger Sitzungs-Session
   Gesäß und Schemel platt, beziehungsweise
   durchgesessen;
Wenn er dann kurz vor Toresschluß
auch noch 'ne Rede anhör'n muß ...

Wenn er des nachts rechtschaffen müd' so manches
   dann entbehrt,
Die Frau ist futsch, die Heimat fern – eventuell auch
   umgekehrt;
Wenn das des Wählers Wille war,
Dann heißt er Abgeordnetar.
Wenn einem also so viel Böses wird beschert, das ist
   klar...,

... dann dimpelt man sich voll, dann ist die Lösung Alkohol, dann haben Hopfen und Malz verloren, da will man
nur noch wissen, wo der Frosch die Eier hat.
   Das ist die traurige Wahrheit über unsere politische
Klasse, von der letzten Bank bis Roman Rucki-Zucki.

Was aber ist das:

**»Überbezahlt und überversorgt,
Überbesetzt und ausgesorgt,
Bestochen so wie abgesprochen,
Ungebrochen seit Epochen.**

**Verstrickt, verquickt und abgenickt,
Verkorkst, verfettet, eingeknickt,
Bevorzugt als auch alimentiert,
Alle Mann unqualifiziert.**

**Verzerrt, verkrustet, abgehoben,
Unterwandert, selbstbezogen,
Verfilzt, verbonzt und aufgebläht«**
Verdammt noch mal und zugenäht?

Yo! Das ist jetzt nicht Mauzetung oder Ussama bin Laden. Das ist oitsch! Ganz einfaches Oitsch. Gehiphopte Quasselbuden-Kritik vom Volkswirt und Staatsrechtler Hans Herbert von Arnim, aus seinem neuesten Gewaltmarsch durch die Volksrosette **»Fetter Bauch regiert nicht gern«**.

Liebe Leser, Hans Herbert von Arnim schont nichts und niemanden, vor allem nicht **»Cornelia Yzer von der CDU, die aufgrund ihrer kurzen Tätigkeit als Parlamentarische Staatssekretärin mit Mitte 30 schon eine stattliche staatliche Altersversorgung von 9000.- DM monatlich sicher hat und nun zusätzlich als Abgeordnete und Geschäftsführerin des Lobbyverbandes ›Forschende Arzneimittelhersteller‹ zwei volle Gehälter abkassiert.«** Ja, Cornelia ist 'ne Professionelle und nicht die einzige, aber die einzige, die Hans Herbert charmanterweise gleich an 9 Stellen über den Grill legt. (Irgendwas Dummes muß mal zwischen Hans Herbert und Cornelia gewesen sein! Egal.)

Im Prinzip kann man Herberts »Fetten Bauch« auf einen schlanken Nenner bringen:
»Überbezahlt und überversorgt,
Überbesetzt und ausgesorgt.«
Außerdem: Das Volk hat nix zu sagen, und seine Vertreter woll'n es nicht mehr hören. Können es auch nicht mehr; wegen »**verfilzt, verbonzt und abgehoben.«**

Für Hans Herbert von Arnim liegt die Lösung nun nicht im Suff, sondern in dem Satz: »Alle Gewalt geht vom Volke aus!« Liebe Leser, und hatten wir nicht immer die Hoffnung, daß diese Zeiten niemals zurückkehren dürfen?

Egal. Und egal ist es auch Hans Herbert von Arnim. Der Volks- und Veedelswirt prollt sich einen und gibt uns den radikalen Wurzelmann:
»**Das Volk ist keineswegs der dumme Lümmel, als den es viele gerne hinstellen!«** Wie? Als Lümmel? Als dummen Lümmel?? Lümmel aber auch!

Und Herberts Volksbelümmelung zeigt dem Lümmelzug den Weg: Das Volk soll nicht nur an toten Sonntagen zur Urne schluffen, sondern praktisch da auch übernachten: Volksentscheide, Völkerbegehren ... selbst, wenn er nur mal für kleine Mädchen muß – für jeden Pipifax soll der Lümmel wieder losmarschieren. Dann wäre endlich Schluß mit der politischen Klasse ihre »**ewige Rosinenpickerei«,** und alles wäre prima aufgeräumt, das Volk, der Laden und alles.

Das alles glaubt auf jeden Fall der saubere Derwisch-Lappen und Feudal-Feudel Hans Herbert von Arnim. Und wir wissen doch: Der Glaube versetzt Berge. Vor allem Berge von Büchern.

Das Volk aber wird, wenn es sich durch Herberts Schwarte lümmelt, nicht nur über 726 Fußnoten stolpern, sondern vor allem darüber, daß von diesen 726 Fußnoten allein 174 auf eine einzige Figur verweisen! Nein, nein, nicht auf Richard von Weizsack! Sondern auf den Volksfreund und Lümmeltheoretiker Hans Herbert Arnim von Lümmel!

Und das Volk wird aufbegehren ... und Lümmel zu seinem Fußnotenkönig machen.

Wir aber, liebe Leser, wir sollten mit dem, was ist, zufrieden sein. In ihrer Funktion als Knechte der Deutschen Bank sehen wir doch im Bundestag lieber die handelsüblichen »Rosinenpicker« als so einen Korinthenkacker wie Hans Herbert von Arnim. Oder?

Gute Nacht.

(September 1998)

Dolgenbrodt und Spiele

**»Absahnen und Abhauen«
von Günter Ogger**

Liebe Leser!

Wenn inne Kneipe umme Ecke 80 Millionen deutsche Finanz- und Innenminister bei Bier und Schweinehaxen am Runden Tisch die Luft verpesten und Hirn simulieren, dann mag das unappetitlich sein und, wenn's hochkommt, am nächsten Morgen ein Problem für die türkische Putzfrau.

Wenn aber einer die Weisheiten der Massen sammelt und zum Bestseller veredelt, dann haben wir da nicht nur denselben Geruch, sondern es obendrein mit dem ehemaligen Redakteur der Zeitschrift »Capital« zu tun, der garantiert nicht mehr als 1 Meter 50 mißt, scheiße aussieht und Günter Ogger heißt.

Günter Ogger, der »Capital«-Verbrecher, berühmt für seine »Nieten in Nadelstreifen«.

Ein Bild von einer Naturglatze, rechts, radikal und würdelos.

Ein Wicht, der meint, »Wicht« käme von »wichtig«.

Günter Ogger, nach Weizsäcker und Goebbels die 3. Prüfung Gottes.

Ein Schmock, ein Pimpf, ein Gernegroß,
So wie sein Klon Johannes Gross.

Ein Männeken, das niemand liebt,
Dem Mob in jede Öffnung kriecht.

Ein Kleingeist, der in jedem Puff
'nen Ekelzuschlag latzen muß.

Günter Ogger, ein Mann. Ein Knirps. Ein Stöpsel. Ein Erdbiberli.

Ja, ein Erdbiberli! Das paßt gut. Erdbiberli steht im Synonym-Wörterbuch direkt neben Gnom und Wichtelmännchen. Erdbiberli. Ich weiß zwar nicht, was das sein soll, aber ich finde, das paßt irgendwie – Ogger, das Erdbiberli.

Übrigens: Ich hab an den Duden geschrieben; die sollen in die nächste Ausgabe noch Ogger mit reinnehmen. Winzling, Ogger, Wichtelmann, Erdbiberli!

Günter Ogger, Jahrgang 1941, ein Kriegskind:

»Kriegen wollen! Haben wollen!«

Der ideelle Gesamtspießer, ein Selbst- und Alleshasser.

Ein Autofahrer, der drei Sitzkissen braucht und mindestens vier Mal am Tag von der Polente angehalten wird, weil die das nie glauben will.

Vor dem Phänomen Ogger kapitulierte schon Anfang des Jahrhunderts Karl Kraus mit dem Satz:

»Wenn die Sonne der Kultur niedrig steht, werfen selbst Zwerge lange Schatten.«

So, liebe Leser, jetzt wird es wohl allmählich Zeit, aus diesem Schattenreich mal kurz was zu zitieren. Es spricht nun zu Ihnen die rasende Landplage Ogger, der Große, aus seinem neuen Kassenschlager **»Absahnen und Abhauen – Deutschland vor dem Chaos«**:

»Der Hammel dreht sich am Spieß, und an jeder Straßenecke von Hamburg bis München erschallt schon der Ruf des Muezzin. Im Land von Goethe, Kant und Albert Schweitzer wird es zunehmend ungemütlich. Der Gefahreninstinkt der Deutschen, er ist verkümmert.«

Ja, ja, es oggert im Karton. Oder vielmehr in Oggers Heim:

»Je mehr Fremde sich hier versammeln, desto nachdrücklicher pochen sie darauf, in der fremden Umgebung so leben zu können wie zu Hause.«

Also wie zwischen Tretminen aus deutscher Produktion oder in Häusern, die von NVA-Panzern auseinandergenommen wurden.

Nachdem unser Bruder Eichmann auf den ersten 50 Seiten das Reich vom Ausland gesäubert hat – also von allen, die einfach nur besser aussehen als er –, läuft der böse Banale im folgenden zur Höchstform auf. Oggers Bibel für ausgerastete Kleinbürger liest sich wie das Protokoll einer geselligen Runde, in der sich Konrad Lorenz, Möllemann und die halbe Rote Armee Fraktion die Kante gegeben haben.

Da geht es wortwörtlich »**gegen die elende Elite der Volksvertreter, die nicht dem Volke dienen, sondern an ihm verdienen, gegen die Ganovenkapitalisten und Steuerhinterzieher, gegen die Sozialschmarotzer, die Stützli kassieren, gegen die faulen Beamten und gegen das ganze verfaulte Verschwender-System.**«

Wenn der Mann Charakter hat, dann einen Zwangscharakter.

Und dabei kackt er mühelos und kleinkariert eine Korinthe nach der andern:

»**Die Forstarbeiter erhalten eine ›Schnakenzulage‹ von 80 Pfennig pro Stunde; die Wachhabenden in Gefängnissen eine ›Gitterzulage‹ von 184 DM im Jahr, und logischerweise dürfen sich die Beschäftigten in Leichenschauhäusern über eine ›Leichenzulage‹ von 30 DM im Monat freuen.**«

Was aber die Galle in Oggers kranker Runkelrübe zum Überlaufen bringt, ist diese »**Sozialethik**«, die angeblich in Deutschland nicht totzukriegen ist.

»**Die Sozialethik**«, so Ogger, »**verlangt immer noch die Einebnung der Einkommensunterschiede, Toleranz gegenüber Minderheiten, Interesse an den Problemen der 3. Welt und die Förderung der sozial Schwachen und Minderbemittelten.**«

Yo! Ogger ist die Theorie und Dolgenbrodt die Praxis!
Übrigens: Das Erdbiberli, das nehm' ich zurück. Ich
könnte nie im Leben einem Erdbiberli ein Härchen
krümmen.
Gute Nacht.

Nachtrag:
Sag mal, Ogger, was ist eigentlich aus deinem Prozeß
wegen Steuerhinterziehung geworden?

(Juni 1998)

Baring auf der Halbleiter

»Scheitert Deutschland?«
von Arnulf Baring

Liebe Leser!

In diesen gemeinen Zeiten fragen wir gemeinen Wähler uns doch oft: Woher nimmt eigentlich der gemeine Politiker all das, was er so den lieben, langen Tag erzählt, und: Warum tut er, was er da tut, wenn er mal was tut. Tutet's aus ihm selbst heraus, oder gibt es da etwa einen Vortuter?

Na, da können wir aber einen drauf tuten! Ich habe ihn aufgespürt, den alten Tutmacher, und zwar in der aktuellen Bestenliste von »Hör zu« auf Platz 20, vom »Gong« auf Platz 18, vom »Focus« auf Platz 15, vom »Spiegel« auf Platz 7 und vonner »Woche« auf Platz 2. Mein Buchtip für die tumben Stunden, wenn mal nix anderes zum Tuten oder Blasen ist: Auf die Plätze, fertig, tuut!

Wer sagt so dolle Dinger wie:
»Es ist heute leichter, seine eigene Ehe scheiden zu lassen, als einen lästigen Mieter loszuwerden.«
Oder: **»Der Holocaust ist ein gruselig telegener und für alle möglichen Interessengruppen geeigneter Popanz.«**
Na, wer hubt zu solchem Tuten an? Niemand Geringerer als der telegene, tausendfach krawall- und quasselerprobte Popanz und Vortuter Arnulf Baring, der graue Star und brummsbräsige Besitzer eines Lehrstuhls an der »Ich bin so frei«-Uni Berlin.

Tuut, tuut! Und weiter geht's:

»Schon spielt Deutschland in der 2. Liga. Und die wichtigste Ursache hierfür liegt in der katholischen Soziallehre.« Okay, ab sofort wird bei Katholiken nix mehr eingekauft!

Kathetermäßig auch dieser Satz des Universalgeleerten:

»Richtig schmerzhafte Einschnitte ins soziale Netz sind ja noch gar nicht vorgenommen worden.« Ja, es muß eben auch mal ordentlich Aua machen.

Liebe Leser, all dies: Professorale Ausflüsse aus der letzten Bürzeldrüsenproduktion des legendären Historikers Arnulf Baring, mit dem instinktsicheren Bürzeldrüsentitel: **»Scheitert Deutschland?«**

Und? Scheitert es? Na, zumindest eitert es, das arme Land! In sage und schreibe 73 Kapiteln auf 350 Seiten und an 80 Millionen offenen Stellen untersucht der liebe Onkel Doktor **»den siechen Sozialstaat und die Vergreisung des Volkes, das Schrumpfen des Mittelstandes und sein verrottetes Bildungswesen, die fatale Arbeitslosigkeit und die große Müdigkeit«**, die finale **»Lösung der Ausländerfrage, Euro, Hauptstadt, Amerika«** und Tralala.

Das alles ist nicht wenig und Baring nicht der liebe Gott; aber auch der würde sagen: Nicht verzagen, Baring fragen, Baring weiß jeden Scheiß!

Wie von der Tarantel gestochen oder vielmehr: wie von der Rexrodt-Fliege gebissen, rast der preußische Parasitenjäger läuseknackend mit seinem Kommißkopp durch den sogenannten **»bolschewistischen Wohlfahrtsstaat«:** Das Lotterleben is aus! Alle Gürtel enger schnallen, nicht nur die der Junkies.

Doch unser Proff-Proff will nicht nur alle faulen Säcke zum Müllsammeln in die Wüste nach Vorpommern schicken, mitnichten; er macht sich auch quasi industrielle Gedanken:

40

»Die alles entscheidende Schlüsseltechnologie der Zukunft ist freilich die Produktion von Halbleiterchips.« Wie? Halbleiter? In Zukunft keine ganzen Leitern mehr? Nur noch halbe? »Die Halbleiterchips werden Macht, Reichtum und kulturelle Ausstrahlungskraft neu verteilen.«

Hey, was es alles gibt! Ich mein', das kann natürlich gut sein. Wenn ich so an die kulturelle Ausstrahlungskraft von einem richtig mächtig reichen Halbleiterchip denke... Und Leitung muß sich doch wieder lohnen! Na, jedenfalls: ob kurze, lange, volle, ganze oder halbe Leitern – nur mit Hilfe dieser Leiterindustrie kommen wir wieder nach oben; denn ohne sie »droht Europa der Untergang. Und wenn dieser Zustand anhält, werden wir schon im Jahre 2010 ein Entwicklungskontinent sein«, und der saubere Professor wahrscheinlich ein naßforscher Wünschelrutenschwinger in einem abgewickelten, neogermanischen Negerkral. Auf der Suche nach 'nem schönen, kulturellen, öh, Halbleiterchip.

Der Fairneß halber aber sollte man diesem Büchlein auch eine ungewöhnlich positive Eigenschaft zugute halten. Man sucht vergeblich nach der markanten, für Verdauungsbücher dieser Art obligaten Duftnote: Nicht eine einzige Redewendung, die auch nur entfernt an Richard von Weizsäcker erinnert.

Gute Nacht.

(Februar 1998)

Guido Knopp und Die wilde 13

»Hitlers Helfer – Täter und Vollstrecker«
von Guido Knopp

Liebe Leser!

Hep, hep, hurra, der neue Knopp ist da! Ja, Guido Knopp hat wieder zugeschlagen! Unser schöner Guido Knopp!

»Die Falltür öffnet sich. Die wenigen Zeugen der Hinrichtung erleben in den nächsten Minuten ein grausiges Schauspiel. Joachim v. Ribbentrop stirbt nicht gleich. Er zappelt im Todeskampf. Er zuckt. Sein Kopf schlägt gegen die Holzwand des Galgens. Der nächste Todeskandidat – Feldmarschall Wilhelm Keitel – wird schon hereingeführt, als Ribbentrop sich noch immer aufbäumt. Zehn Minuten wird es dauern, bis der Henker den Befehl erhält, sich an den windenden Körper zu hängen, um durch sein Gewicht endlich das Genick zu brechen. Der Henker von Nürnberg erinnert sich: Ich habe meine rechte Hand hinter sein linkes Ohr gepreßt – dann hat es ›ping‹ gemacht, und er war tot.«

Yo, liebe Leser, das ist doch mal wieder was für's Herz! Vor allem ist es Guido Knopp, der Serientäter und schöne Anekdotenkopp vom ZDF, die geleckte Wiederaufbereitungsanlage für Sach- und Lachgeschichten aus der dunklen Zeit.

Nach dem irren Erfolg seiner erschütternden Bilanz »Hitler, der Privatmann«, »Hitler, der böse Onkel« und

»Hitler in Farbe« dürsteten die Menschen draußen im Lande zwischen Dachau und Neuengamme, den Kölner Messehallen, Bergen-Belsen und Buchenwald nach mehr und riefen: »Meister, wir wissen immer noch nicht alles über den österreichischen Tyrannen. Erzähl uns noch einen!«

Doch als Guido grade Gas geben wollte, stand der junge Amerikaner Daniel Goldhagen in der Tür – mit seinen »Willigen Vollstreckern« und der ausgerechnet in Deutschland unbekannten Tatsache, daß es, im Gegensatz zur kolossalen Volksanstrengung, 6 Millionen Arbeitslosen eine Schaufel in die Hand gedrückt zu haben, ein eher kollektives Lustspiel gewesen war, ebenso vielen Juden das Leben zur Hölle gemacht zu haben. Däh! Das war aber 'ne Nummer zu happig. Jeder Willy ein Vollstrecker?

Und sofort riefen die Menschen draußen im Lande zwischen Sachsenhausen und Esterwegen, Theresienstadt, Flossenbürg und Ravensbrück:

»Das geht zu weit! Das sind zu viel! Das kann nicht sein! Komm, Guido, hilf uns!«

Und der schöne Guido ließ sich nicht lange lumpen. Er befahl seinen Schreibknechten, die Landserhefte der deutschen Historiker zu plündern; sich selbst stellte er in einen neuen Anzug, fönte seinen Dutt, patschte ein schönes Photo auf den Schutzumschlag, und fertig war der neue »Was ging ab?«: **Hitlers Helfer – Täter und Vollstrecker – seine Paladine«**. Göring, Goebbels und die andern vier.

Für die, die in der Jetztzeit leben, mag es befremdlich klingen, aber damals in der dunklen Zeit, als alles dunkel war, sagte man das so – Paladine. Heute nennt man so was Peter Hintze.

Nun hatte ja die Begeisterung für Führer, Volk und Peter Hintze, pardon, und seine Paladine in den letzten 50 Jahren schon 'nen kleinen Knacks bekommen. Auch vermehrten sich draußen im Lande zwischen Natzweiler und Mauthausen leichte Zweifel, ob die sieben großen Dämelacks tatsächlich ganz allein die 6 Millionen erschossen und vergast hatten.

Und Guido sagte:

»Okay, ich forsch' mal nach, ob's da nicht noch and're gab.«

Und Guidos Helfer plünderten wieder los. Er selbst ging noch mal durch seinen Dutt und hinten raus kam:

»Hitlers Helfer – Täter und Vollstrecker, Zweiter Teil; Bormann, Eichmann, Ribbentrop und Freisler, von Schirach und Herr Mengele.«

Ein weiteres Sixpack voller Mörder! Also nicht Goldhagens knappe Million, sondern die wilde 13 hatte das große Werk vollbracht, wobei der eine die dunkle Zeit über praktisch nur im Bunker gesessen hatte.

Liebe Leser, im Prinzip lohnen sich die Guido-Bücher nur wegen der schönen Guido-Bilder. Denn das Lesen macht einen fertig. Durch ewige Wiederholungen hat man bald den Eindruck, selbst nicht ganz dicht zu sein.

»Wenn Mengele die Ankommenden selektierte, hörten sie von seinen Lippen manchmal eine Melodie, wie beiläufig gepfiffen.« Seite 20.

»Oft pfiff Mengele bei diesem mörderischen Akt, wie gedankenverloren, einen Walzer oder eine klassische Melodie.« Seite 314.

»An der Rampe hat er kein Wort gesagt, sondern leise irgendwelche Arien gepfiffen.« Seite 324.

Und Seite 329: **»Bei seinen Selektionen pfiff er Walzer- und Operettenmelodien.«**

Dieses Doppelmoppeln hat System. Spätestens beim zweiten Walzerpfeifen denkt man: »Bin ich blöd, oder hab ich das nicht grad schon mal gelesen?!« Nach dem 4. Pfeifton macht sich Angst breit, weil man ahnt: »Huch! Gleich kommt Mengele wieder um die Ecke.« Und schon ist man so weit: Kaum pfeift man an der Rampe einer U-Bahn irgend'nen Dreivierteltakt, macht es »ping«: »Scheiße! Bin ich Mengele?«

Und Guido gibt uns einen schönen Weizsäcker: »**Jeder**«, sagt er, »**jeder hätte Hitlers Helfer werden können. Denn ein Mengele steckt in uns allen.**«

Aber alles halb so schlimm, liebe Mengeles draußen an den Volksempfängern, solange uns ein Demokrat wie Helmut Kohl im Griff hat, der die kriminellen Ausländer nicht mag und deshalb sagt: »Wenn Sie sonntags jemanden zu sich einladen und der zertrümmert Ihnen die Wohnung, tritt nach dem Hund und schlägt Ihre Frau, ja, den schmeißen Sie doch auch raus.«

Welchen Walzer Kohl dabei gepfiffen hat, wurde nicht mitüberliefert.

Gute Nacht.

(Juni 1998)

Porno im Politbüro

**»Das Schwarzbuch des Kommunismus«
von Stéphane Courtois, Pfarrer Gauck u.a.**

Liebe Leser!

Der Piper Verlag hat uns diesen Sommer ein Mörder-
ding in den Bücherwald gezwitschert ... Mensch, da
wußten wir ja gar nix von! **»Unterdrückung, Verbrechen und Terror – Das Schwarzbuch des Kommunismus«.**

1000 Seiten Unsinn! Nein, ich mein': Unsinn! Bitte
keine kommunistischen Übertreibungen mehr! Nicht
1000 Seiten, sondern 986 Seiten; ganz in schwarz und,
wenn Sie mich fragen, zu wenig Bilder. Und vor allem
zu unhandlich, um damit einen Kapitalisten zu erschlagen. Aber keine Idee zu schwer für die Pfarrer Antje,
Hintze, Gauck und Kunze.

Liebe Leser, der Kommunismus ist tot und der Mensch
nun mal ein Aasfresser – so will es sogar das Tierschutz-
gesetz –, und so fand auch unser Pfarrer Gauck vom
Ministerium für Staatssicherheit in dem Schwatzbuch
des Kommunismus ein lautes Örtchen, um ein letztes
Abendmahl zu zelebrieren, bevor es in die Rente geht.

Da der ehemalige Flugblatt- und Oblatenverteiler nie
auch nur 1 Tag aus der Zone rausgekommen war, aus
**»dem real existierenden größten Isolierungsla-
ger«**, ist ihm in seinem lieben, langen Gaucklerleben die
deutsch-deutsche Dialektik auch immer ein böhmisches
Dorf geblieben, mit anderen Worten: Vom Westen nicht
die Banane eines Anflugs einer Ahnung.

Also, abgesehen davon, daß der Westen 80 Jahre lang nicht einfach nur ein Auge zugedrückt hat, sondern allen Kommunisten, die er kriegen konnte, beide Augen; abgesehen davon und dem und alledem war für jeden normalen Linksgedrehten immer schon klar, daß das Politbüro zu keinem Zeitpunkt praktisch und theoretisch noch alle Tassen im Schrank hatte.

Dafür aber jede Menge Pornovideos. In seinem Stasibericht über **»die politischen Verbrechen in der DDR«** klärt Herr Pfarrer Gauck:

»Immer gab es eine heimliche Faszination durch westliche Technik und Wirtschaftskraft. Selbst in Wandlitz, dem Wohngetto des Politbüros, gab es westliche Konsumgüter und Pornovideos.«

Sehen Sie, Herr Pfarrer, und das fand ich auch immer eine Riesenschweinerei. Porno im Politbüro! Und das Volk mußte darben, beziehungsweise alles selber machen. Entweder alle oder keiner! Allein deshalb ging mir die DDR schon ab ovo am Sack vorbei. Und wegen Pornovideo extra nach Wandlitz radeln? Wer bin ich denn!?

Aber jetzt mal was anderes, Herr Pfarrer. Pornovideo ist für Sie ja nun auch kein politisches Verbrechen, aber was meinen Sie eigentlich mit ... Faszination?

Egal. Es gab also Faszination, westliche Konsumgüter, Pornovideo. Mensch, was es alles nicht gibt! Nur, die Zone war ja eher berüchtigt für das, was es alles nicht gab. Und so pfarrert der Pfarrer fort:

»Zu allen Zeiten waren die Kommunisten in der offenen geistigen Auseinandersetzung auch feige. Es gab nie einen echten christlich-marxistischen Dialog.«

Hm, Herr Pfarrer, soll ich Ihnen mal was sagen? Hier bei uns im Westen gab es auch nie einen echten christlich-marxistischen Dialog. Und soll ich Ihnen mal verraten, Herr Pfarrer, wer den in unserm Dorf immer gewonnen hat?

So, und jetzt mal richtig.

Gauck und sein französischer Herausgeber, der Ex-

Bürgerschreck Stéphane Courtois, haben die Leichen gesammelt, gezählt und folgendermaßen benotet:

»Es geht hier nicht um irgendwelche makabren, arithmetischen Vergleiche oder eine doppelte Buchführung des Horrors. Die Fakten aber zeigen unwiderleglich, daß die kommunistischen Regime rund 100 Millionen Menschen umgebracht haben, während es im Nationalsozialismus rund 25 Millionen waren.«

Gut, gehen wir davon aus, daß es 25 Millionen waren, und nicht 50 Millionen, wie es in jedes Schulbuch gedruckt wird. Gehen wir weiter davon aus, daß für die Zählerei nur der Krieg verwendungsfähig ist, denn vorher war ja noch alles in Butter, nicht wahr. So, demnach hätten wir dann folgende Aufstellung:

25 Millionen in 6 Jahren : 100 Millionen in 80 Jahren.

Das ist stinknormaler Dreisatz, Herr Pfarrer, keine gotteslästerliche Chaos-Theorie, und macht nach Adam Riese hümmehümmehannana, 5 im Sinn, Augenblick, kurz gegenrechnen: Bitt' schön! Stalin, Pol Pot und die andern Gewerkschaftsführer schafften 1,2 und Adolf 4,1 Millionen Leichen im Jahr. Wer is' nu der Teufel?

Das ist natürlich alles Papperlapapp, liebe Leser. Denn die Alternative zum Kommunismus war ja nicht der Deutsche Gruß. Oder Weizsäcker. Sondern die freie Marktwirtschaft. Und um die Leichen zu zählen, über die die freie Marktwirtschaft allein in der Zeit ging, in der Sie, Herr Pfarrer, drüben in Ihrer Zone keine Pornovideos gucken konnten, dafür reicht Ihr irdisches Leben gar nicht aus.

Aber jetzt mal was ganz anderes. Als nach den ersten 1000 Terror-Jahren dann im Gefolge des hl. Christoph Kolumbus auch noch der Rest der Welt mit dem christlichen Kreuze gesegnet wurde ...; selbst die übernächste Großrechner-Generation vom Nato-Hauptquartier wäre damit noch überfordert.

Und wenn der Beelzebub die nackten Toten auch noch in Beziehung zur jeweiligen Bevölkerungsdichte setzte, ich meine, können Sie sich noch erinnern, Herr Pfarrer, wie das damals aussah, in Südamerika, in Afrika, in Nordamerika, im Nahen und im Fernen Osten, in Transsilvanien und hier bei uns durch Luther in Europa?

Ach, Bürgerschreck, laß nach.

Gute Nacht.

(August 1998)

It's not a Love Song

»Der Terror der Ökonomie«
von Viviane Forrester

Liebe Leser!

Von einem Schuster mehr zu erwarten als Schusterei bzw. Flickschusterei, wäre wohl vermessen, zumal bekanntlich noch der Schuster meist im Dustern schustern muß. Es ist ja schon die halbe Miete, wenn der Schuster sich nur um seine Leisten kümmert.

So soll denn auch der Arbeiter arbeiten, der Jobber jobben, der Mobber mobben und die Hausfrau in der Küche stehen. Der Priester soll meinetwegen Priester machen, der Politiker Politik und der Regen naß; der Hammer soll hämmern und der Boß Boß sein, und nicht Amboß.

Und weil alles so ist, wie es sein soll, sieht die Welt auch so aus, wie sie aussieht.

Anders schaut's bei Leuten aus, die die Welt verändern wollen. Die müssen mehr können und mehr wissen als Politiker, Arbeiter und Hausfrauen zusammen, vor allem wenn sie auch noch Frauen sind.

Und so jemand möchte Viviane Forrester sein, die mit ihrem Verkaufsrenner **»Terror der Ökonomie«** allerdings bewiesen hat, daß eine derartige Doppel- und Dreifachbelastung einfach auch zu viel sein kann, vor allem für sie selbst.

Als ausgesuchte Kulturhäsin ist sie nämlich außer Haus gehoppelt, auf's weite, hoppelige Feld der Nationalökonomie. Sie hat sogar in der Weltökonomie rumgemümmelt und dann auf 210 Seiten alles versammelt, was aktuell so ohne Rang und Namen ist: Vom überflüssigen, arbeitslosen Einzelschicksal mit Pappkarton, Quetsche und Bahnhofsmission bis zu den völlig überflüssigen Populationen südlich des Äquators und um den Äquator herum. Diese abgekaute Mütze krönt sie mit der ganz neuen Kunde: Die Arbeit sei vorbei, bzw. es gebe keine mehr, und der Rest der Menschheit dürfe jetzt wohl auch nach Hause gehen, sich verschlanken, verdünnisieren und »**in Rauch auflösen.**«

Und wie es unter paranormalen und –noiden Zwergschulpädagogen und VHS-Gesichtern üblich ist, hat sie direkt die Überfluß-Verursacherin stante pede dingfest gemacht: die Globalisierung, die gemeine, und damit in einem Aufwasch auch gleich wieder den Weltuntergang auf die Tagesordnung gesetzt.

Ach, this is not a Love Song, liebe Leser, und trotzdem immer die alte Leier: Erst war es die Druckmaschine, dann die Dampfmaschine, dann die Waschmaschine; dann war es Brokdorf, RTL und Eis am Stiel, und nun ist es halt http://www. ComputerTodundteufel.de.

Bei mir war es übrigens damals die Blockflöte. Und heute Tekkno. Egal.

So wie die Jugend überall und immerdar – auch so ein frührentnernder Legastheniker wie Dr. Motte vonne Berliner Legasthenikerparade – das Recht hat, dummes Zeug zu erzählen;

so wie Jean-Paul Sartre das Recht hatte, auf leeren Magen vor Renault umsonst Flugblätter zu verteilen,

so hat auch die Salonmoralistin und Dampfplaudermaschine Viviane Forrester das Recht, über die Symptome zu plaudern, die die Weltbarbarei Nr.1 namens Marktwirtschaft so mit sich bringt. Und wie sie plaudert!

Liebe Leser, es folgt nun ein längeres Zitat. Und Sie werden sich das reintun! Ohne Murren, Meutern, Mosern! Von mir aus können Sie sich insgeheim denken: Um Gottes willen! Und der arme Mann mußte davon ein ganzes Buch durchackern! Das ist mir egal. Jetzt wird erst mal gelesen. Hinterher kann man immer noch meckern.

Also, Viviane Forrester über die Arbeitslosen:

»In was sollen sie sich denn eingliedern? In die Arbeitslosigkeit? Ins Elend? In die Ablehnung? In die Leere der Langeweile, in das Gefühl, unnütz zu sein oder gar parasitär? In eine Zukunft ohne Perspektive? In welche Randgruppe, in welches Armutsniveau, in welche Art von Prüfungen, in welche Zeichen der Verachtung? Gliedern Sie sich gern in Hierarchien ein, die Sie sofort abweisen, da Sie auf der untersten Stufe der Erniedrigung kleben, ohne daß man Ihnen je die Möglichkeit gäbe, sich zu beweisen? Da werden Rechte zerschlagen, Leben zerstört, Gesundheit ruiniert, werden Körper der Kälte, dem Hunger und der Leere ausgesetzt.«

Ende des Zitats. Ich sag' das nur, damit Sie wissen, daß jetzt noch eins kommt:

»Es ist erstaunlich, wie schnell man den Boden unter den Füßen verliert, wie hart die Gesellschaft sein kann und wie wenig Hilfe es noch gibt, wenn man kein Geld mehr hat.«
C'est ca! Wer hätte das gedacht!

Auch wenn es so scheint – nichts liegt der Viviane Forrester ferner als die Verhohnepiepelung und Verbummfiedelung der Gepiepelten und Gefiedelten.

Nur: wenn sie auf der einen Seite proklamiert: **»Das Disaster muß angegangen werden, das heißt: Es bedarf einer Veränderung!«** und auf einer anderen Seite deklamiert: **»Eine Lösung gibt es nicht! Und mir geht es hier auch nicht darum, Lösungen zu finden!«** ... ja, du französisches Huhn, was soll sich der Gepiepelte und Gefiedelte denn dafür kaufen?

Andererseits: Wenn sie schon die Kritik der politischen Ökonomie auf das Niveau einer Lotti Krekel oder eines Weizsäckers auf Extasy herunterwirtschaftet, dann wollte ich die Lösungsvorschläge auch erst gar nicht kennenlernen.

Daß ihre furienhafte Kapitalistenschelte und die Verhältnisse, so wie sie sind, eine verschärfte Neuauflage der Französischen Revolution nahelegen, mit Liedern und Laternen und allem Drum und Dran, steht jedenfalls nicht in ihrem »**Terror der Ökonomie**«.

Da steht ganz im Gegenteil so was hier: »**Elend und Ausbeutung könnten vermieden werden, vielleicht sogar ohne den Profiteuren zu schaden.**«

Und so sollte abermals die Schrift in Erfüllung gehen, wonach die Sozialdemokratie nichts anderes darstellt als den schlauesten Verein zur Verschleißung und Verscheißerung revolutionärer Energien. Und Veräppelung der Brotlosen.

Gute Nacht.

(Juli 1998)

Mit dem Didgeridoo gegen die Schwanzgesellschaft

»Machiavelli für Frauen. Strategie und Taktik im Kampf der Geschlechter« von Harriett Rubin

Liebe Leser!

Heute fühle ich mich wie Bernhard Grzimek, der Ihnen diesmal nicht ein faules Stinktier mitgebracht hat, sondern eine schwer-agile, kämpferische Kostbarkeit: Eine in naturbelassenen Vorstädten gar nicht mal so seltene, vorwitzige, äußerst gesellige, multitalentierte, stolze, steinalte Giraffe mit Abitur. Nee, Quatsch, kann ja gar nicht sein! Es ist, glaub' ich, die Wiedergeburt einer Säbelzahntigerin auf dem 7. Bildungsweg. Vielleicht auch eine Blindschleiche mit Drei-D-Brille. Oder 'ne Amöbe im Hosenanzug ... ich kenn' mich da nicht so aus. Es humpeln ja immer die Vergleiche.

»**Machiavelli für Frauen – Strategie und Taktik im Kampf der Geschlechter**« heißt das Unikum, und die Schöpferin Harriet Rubin, der zur Zeit strahlendste Rubin und produktivste Dukatenesel im feministischen Abendland.

Und weil der Wolfgang Krüger Verlag weiß, daß seine Leserinnen ihm das Teil auch dann wie warme Semmeln aus der Hand fressen, wenn er 200 Gramm Harzer Kümmelkäse zwischen die Buchdeckel drücken würde, verschweißt er die Machiavella nicht in ordinäre Plastikfolie, sondern umhüllt sie mit edlem, transparentem Butterbrotpapier.

56

Der »Machiavelli« hat was Mundgeblasenes;
er wirkt persönlich, ungemein zerbrechlich;
fraulich, fein und zartbesaitet;
einfach formidabel, feminin.

Mit männlichen Wurstfingern den Klebestreifen abzu-
knibbeln und wegzufriemeln – das grenzt schon an Ta-
buverletzung.

Tiefschwarz glänzt der Schutzumschlag,
und vornehm gülden blinken drauf die Lettern.
Zum Verlieben auch das lustig Lesebändchen,
einem Tampon gleich mit seinem grünen Fädchen.

Liebe Leser! Daß der »Machiavelli für Frauen« keine
Anleitung zum Sturz des Patriachats sein soll, ist so
durchsichtig wie die Tatsache, daß das Buch auch ohne
Text auskommen könnte.
    Daß man aber zum x-ten Male wieder nur mit Begrif-
fen zugeballert wird wie »**mythische Bewußtheit, ur-
sprüngliche Rhythmen, innerster Kern, Schicksal
und gehen-laufen-fließen lassen**«... Mädels, da dürft
ihr euch nicht wundern, wenn man euch links liegen
läßt! Die Sklaverei ist doch vorbei – wir Mannsbilder
von heute wollen doch keine Idioten unterdrücken!
    Gut, Logik ist nicht alles, und der Mann nur einfach
strukturiert! Aber, sehr verehrte Harriet, wie soll man
das begreifen? Seite 14 du schreiben:
    »**Frauen, ihr müßt lernen, nicht vorsichtig zu
sein!**«, aber Seite 38: »**Die Fürstin ist gerissen, stark
und vorsichtig!**«
    Oder Seite 20: »**Die Fürstin wandelt nicht auf den
alten, ausgetretenen Pfaden ihrer Feinde.**« Aber 20
Seiten weiter: »**Es gibt keine effektiveren Mittel
gegen den Feind, als die, die er selbst verwendet.**«
... Ja, was denn nun?

Und schon hör' ich sie hysterisch kreischen, die Apostel-
linnen von Harriet:

»Höhöhö, typisch Mann! Das is' doch wieder mal total aus dem Zusammenhang gerissen!«
Und Harriet kommt nicht umhin,
hier ein wenig aufzuklären:
»Nee, nee, det is' schon richtig!
Auch die Seitenzahlen stimmen.
Und außerdem:
Aus dem Zusammenhang kann man bei mir nichts reißen – weil es keinen gibt!«
Aber was soll's?

Menschen, die ohne zu mucken, Sätze schlucken wie: **»Bringen Sie Ihrer inneren Stimme bei, einmal den Atem anzuhalten,«** sind eh jenseits von Weizsäkker...
und zur Zeit übrigens alle auf dem Katholikentag in Mainz.

Doch selbst aus diesem auf 200 Seiten breitgestampften Käsekrampf, Flitterkitsch und Zickenkappes kann man etwas destillieren, das zwar auch an Kickskacks, Plumpaquatsch und Pipifax nur schwer zu überbieten ist, aber dennoch hier nicht ganz verschwiegen werden sollte. Für den permanenten Karriere-Fight empfiehlt die Fürstin allen Frauen, von der Friseuse bis zur höchsten Firmenfuchtel, einen Haufen feinster Strategien.
»Die durchschlagendste Strategie ist die der 5 Warum. Fragen Sie den Gegner, warum er das sagt, was er sagt. Welche Antwort er auch gibt, fragen Sie wieder, warum. Fragen Sie dann noch einmal warum, und sofort. Beim 5. Warum haben Sie genug Informationen.«
Liebe Leser, Sie kennen das, nicht wahr? Von den lieben Kleinen. Egal, wie, was und warum man denen antwortet, das letzte Wort ist noch nicht gesprochen, da hört man schon von unten: »Warum?«
Eltern, die ihre Kinder lieben und sie nicht unnötig wegen der 5 Warums erwürgen wollen, haben in diesem Fall drei Antworten parat:

Entweder »Darum!« oder »Guck im Brockhaus nach!« oder »Geh nach draußen und andern auf den Sack!«

Unter mehr oder weniger gleichberechtigten Erwachsenen jedoch hilft da nur der kurze Griff zum Telephon, der Wechsel zu einem unverfänglichen Thema und Warten, bis die Ambulanz da ist.

Und selbst in der armseligsten Misere blitzt immer auch ein kleiner Hoffnungsschimmer. Und so fand ich in diesem Buch den wunderbaren Satz:

»Ein buddhistisches Sprichwort besagt: ›Du mußt das Buch schließen.‹«

Leider stand der nicht am Anfang.

Gute Nacht.

(Juni 1998)

Von Austern
in kleingehackten Hoden

»Aphrodite – Eine Feier der Sinne«
von Isabel Allende

Liebe Leser!

Es gibt Wörter, die nicht nur dem geneigten Leser den Magen umdrehen; sie bewirken auch, daß bei ihrer Niederschrift sich sogar die betroffenen Buchstaben übergeben müssen. Und ein solches Übel-Wort – es tut mir leid, liebe Buchstaben, aber wir kommen nicht drum rum – ist das Wort »Kochbuch«.

Steigerungen sind praktisch nur möglich in Form von: »Kochbücher« oder in Verbindung mit anderen unangenehmen Begriffen wie »Biolek« oder, sagen wir mal, hm, »Thüringen«. Oder durch eine Gottseidank noch nicht realisierte Kombination, die da hieße: »Abseihern mit Weizsäcker«.

Daß kein Mensch mit normalem Stuhlgang und Verstand diesen widernatürlichen Auswurf an Brutzelbüchern noch riechen kann, dämmert allmählich auch dem letzten Brutzelbuch-Verleger. Deshalb ist der stets innovative Brutzelbuch-Verlag Suhrkamp dazu übergegangen, das Wort »Kochbuch« – ah, 'tschuldigung, liebe Buchstaben – im Titel seines letzten Brutzelbuches erst gar nicht zu erwähnen.

Liebe Buchstaben, ihr werdet froh darob gewesen sein, aber könnt ihr euch vorstellen, wie ich von den Pötten war, als ich merkte, daß es sich bei »**Aphrodite – Eine Feier der Sinne**« von Isabel Allende um ein Kochbuch ... pardon, ich sag's nie wieder.

60

Nun, liebe Leser, womit kann eine Kaltmamsell aus der
3. Welt an dem verschimmelsten Kochlöffel der Nation
bestsellernd vorbeidampfen? Etwa mit Köstlichkeiten
von der chilenischen Heilsarmee? Nee, nee! Sondern nur
mit Sex und Sexerregern! Mit Anpeitschern und Aufput-
schern, mit Hart- und Scharfmachern, mit Weich- und
Feuchtmachern, mit gaanz, gaanz irren Kirremachern!
Ob Lumpi bockig, Frauchen flutschig,
rattig, juckig, brünstig, rutschig,
Ob Kinderkram, ob Sodomite,
Alles ist in Aphrodite.
Und zwar from all over the world! Und so liest sich das
dann:
**»In Samoa gilt ein lebender Polyp als Gipfel des
Aphrodisischen. Sie legen sich ihn auf's Gesicht,
so daß seine Tentakeln sich ihnen um den Kopf
schlingen; dann beißen sie die Mundöffnung des
Tieres ab und saugen es in einem langen Todeskuß
aus, bis es leer ist.«** Das ist schon quasi endgeil; aber
ich hab' hier noch einen Leckerbissen, liebe Leser – halten Sie sich fest, woran auch immer:
**»In China ist das Gehirn eines lebenden Affen
eine Delikatesse. Sie setzen den Affen in einen
engen Korb unter einen Tisch mit einem Loch in
der Platte, durch das der halbe schon aufgemei-
ßelte Kopf des Tieres erscheint.«** Hui! Als ich das
hinter mir hatte, mußte ich mir erst mal einen von der
Palme schütteln.
Und schon war ich wieder voll in Fahrt und volles
Rohr für den nächsten Ethno-Schwank:
**»Man koche die Hoden des Löwen in Salzwasser,
ziehe die Haut ab, hacke sie fein, damit sie nicht
mehr als Hoden erkennbar sind, wälze die Teile in
Eigenurin und würze sie mit pulverisierten Ka-
kerlaken.«** Anschließend bezirzt uns Isabel mit dem
Sätzchen:
**»Aber ich will hier nicht in die Einzelheiten ge-
hen; dies ist kein Buch über Alpträume, sondern
über Erotik und Kochen.«** Ach so.

Ja, und wenn uns unser feuchtes Früchtchen nicht grade mit Soft-Aphrodisischem anheizt wie »**Kanarienvögelzungen, Napfschnecken und blau gemasertem Käse, der nach Soldatenstiefeln riecht,**« dann säuselt sie uns was von einem »**100-jährigen Großmeister der Akupunktur**« ins Ohr, »**der noch alle seine Zähne besitzt und bis heute nicht aufhört, mit irgendeinem saftigen Mädchen seine Spiele zu treiben. Und das alles dank Tai Ginseng!**« Und das alles ist ein Zitat. Ich sag das nur, damit Sie nicht denken, hier wolle Sie irgendwer verkackeiern.

Dergestalt und in streckenweise etwas entschärfter Hormonisierung schwitzt Isabel sich auf 200 Großdruckseiten durch die speziellsten Vorlieben der Völkergemeinschaft, wobei sie selbst, wie sie durchblicken läßt, vom Kochen so viel versteht wie eine verschwiegene, schleimschlappige Auster. Gegen Ende jedoch wird die Welt wieder halbwegs normal, und unsere virtuelle Kochmütze kundenfreundlich. Da präsentiert sie gutsherrenartig kurzerhand sogenannte Muntermacher-Rezepte ihrer eigenen Mutter.

Die haben jetzt allerdings den Vorteil, daß man vor dem Essen nicht an einer lebensgefährlichen Großwildsafari teilnehmen muß. Ebenso ist unter Mamas kleinen Helfern kein Platz für wilde, libidinöse Ingredienzen wie »**Menstrualblut, Eidechsenaugen oder Ausscheidungen von Pottwalen.**«

Das ganze Gerümpelgemüse für die aphrodisischen Freßorgien Marke Mama kriegt man gegen amtliche Taler bei Aldi, Plus und Hertie, weil bei Isabel nämlich einfach alles aphrodisisch wirkt, vom »**Artischockenseufzer über frivole Pflaumensuppen und Miesmuschelsorbet bis zum Venusschaum auf Zwiebelsauce.**«

»**Nur Mohrrüben,**« lüstert sie, »**sind völlig ungeeignet. Denn ich kenne niemanden, der sich an einer Mohrrübe aufgeilt – ich meine natürlich beim Essen.**«

62

Mensch, was habe ich mich schlappgegiggelt! Aber wieso eigentlich ungeeignet? Bei einer aphrodisischen Mahlzeit läßt sich eine giggelige Möhre doch auch prima in den Hintern implantieren. Oder wie man unter Veganern sagt: Umtopfen.

Liebe Leser, ich bin weit entfernt davon, Lukullisches zu verschmähen – aber in jedes Kraut und in jede Rübe Pillermännervergrößerer hineinzuphantasieren..., Isabel, also ich weiß nicht...

Persönlich gehöre ich da ja eher zu den Einfachgestrickten. Egal, ob bei 'ner Hühnerbrühe für 99 Pfennige oder einem extravaganten Mampfi-Mampfi – den rechten Weg in einen astreinen Exzeß weist mir allemal noch Dr. Truthahn mit:

Hast du Haschisch in der Blutbahn...

Gute Nacht.

(Oktober 1998)

Deiladydodidei

»Diana«
von Andrew Morton

Liebe Leser,

Lady Di Lady Di Lady Di!
Lady Di Lady Di Lady Di Lady Di Lady Di Lady Di Lady
Di Lady Di Lady Di.
Lady Di Lady Di Lady Di Lady Di Lady Di Lady Di Lady
Di Lady Di Lady Di.

Lady Di Lady Di Lady Di Lady Di Lady Di Lady Di Lady
Di Lady Di Lady Lidydi.
Lady Di Lady Di Lady Di Lady Di Lady Di Lady Di Lady
Di Lady Di Lady Dilyli.
   Lady Di:
   »Dodi Dodi Dodi Dodi Dodi dodi dodi dodi dodi!«

Dodi Dodi Dodi Dodi Dodi Dodi Dodi Dodi Dodi Dodi
Dodi Dodi Dodi Dodi Dodi Dodi Dodi Dodi Dodi Dodi
Dodi Dodi Dodi Dodi Dodi Dodi Dodi Dodi Dodi Dodi
Dodi Dodi Dodi Dodi Dodi Dodi Dodi Dodi.

Dodi Dodi Dodi Dodi Dodi Dodi Dodi Dodi Dodi Dodi.
Dodi Dodi:
   »Di Lady Di, Di Lady Di, Di Lady Di, Di Lady Di!«

Lady Di Lady Di Lady Di Lady Di Lady Di Lady Di Lady
Di Lady Di Lady Di Lady Di Lady Di Lady Di Lady Di
Lady Di Lady Di Lady Di Lady Di Lady Di Lady Di Lady
Di Lady Di Lady Di Lady Di Lady Di Lady Di Lady Di

Lady Di Lady Di Lady Di Lady Di Lady Di Lady Di Lady
Di Lady Di Lady Di Lady Di Lady Di Lady Di Lady Di
Lady Di Lady Di Lady Di.

**»Lady Di Lady Di Lady Di Lady Di Lady Di Lady
Di Lady Di Lady Di Lady Di Lady Di Lady Di Lady
Di Lady Di Lady Di Lady Di Lady Di Lady Di Lady
Di Lady Di Lady Di Lady Di Lady Di Lady Di Lady
Di Lady Di Lady Di Lady Di Lady Di Lady Di Lady
Di Lady Di Lady Di Lady Di Lady Di Lady Di Lady
Di Lady Di Lady Di Lady Di Lady Di Lady Di Lady
Di Lady Di Lady Di Lady Di Lady Di Lady Di Lady
Di Lady Di Lady Di Lady Di Lady Di Lady Di Lady
Di Lady Di Lady Di Lady Di.«**

Di Lady Di Lady Di Lady Di Lady Di Lady Di Lady Di
Lady Lady Di Lady Di Lady Wei
Zsäckerei Di Dei Di Dei.
  Di Lady Di, Di Dodi Di.
  Bums.
  Gute Nacht.

(April 1998)

Fleischtöpfe für die Frauen

**»Gute Mädchen kommen in den Himmel,
böse überall hin«,
plus »Und jeden Tag ein bißchen böser«
von Ute Ehrhardt**

Liebe Leser!

Als in den 70ern und 80ern ausgewachsene Frauen in unüberschaubaren Krabbel-, Brabbel- und Sabbelgruppen Doktorspiele und Bioleistungskurse nachholten nach dem Motto:
»Guck ma', fühl ma', zeig ma', riech ma',
hängt das bei dir auch so, Wilma?«
und ihre selbst ausgedachten Gedichte zum Hauptverursacher von Magengeschwür und Hirnerschütterung avancierten, da wurde langsam, aber gewaltig klar, daß die Emanzipation nur 'ne alt-chinesische Graugans war.

Die Jahre gingen dahin. Eigentlich hätte man des öfteren mal ein exotisches Frauenessen auf den Tisch zaubern können oder 'nen Weizsäcker im Schlafrock. Stattdessen trat plötzlich Frau Ute Ehrhardt auf den Plan, die Spezialistin in Verhaltensstörung, und sie gebar uns das Buch: **»Gute Mädchen kommen in den Himmel, böse überall hin.«**

Als aus- und eingebildete Wirtschaftspsychologin in Sachen Optimierung, vor allem eigener Fähigkeiten und Salbadern um Brei und Verstand, war sie mit Kohorten von Frauen durch deren Dick und Doof salbadert, schreinemakerisierte aus dem bekannten großen Weiber-Weh-

67

Weh, nämlich in kapitalistischen Männerhorden praktisch immer den Kürzesten zu ziehen, '94 einen Schleudergang-Bestseller, der sich gewaschen hatte, und verdiente sich daraufhin erst dumm und dann dämlich.

Doch, liebe Leser, warum persönlich werden, wenn das Buch schon ausreicht. Zunächst zum Titel; und der ist gar nicht mal so plemplem.

»Böse Mädels kommen überall hin« ist ja voll richtig, nämlich: inne Küche, inne Hölle, inne Glotze, inne Bredouille oder in ein Frauenhaus. Oder sie werden Chefin vom Institut für Stammtischbefragung und Straßenabstrich. Und ganz böse Mädels können sogar Vorsteherdrüse der Treuhand werden, was ja nur natürlich ist – von wegen Frauen und Treue und so, oder sie lassen sich wie Alice Schwarzer ohne Gegenwehr ans Bundesverdienstkreuz nageln.

Aber jetzt mal hüsch, hüsch, Späßken beiseite:
Ute sagt,
das schöne Geschlecht
wird regelrecht
untergebuttert und fertiggemacht,
im Job, im Heim, im Kreisverkehr,
von morgens bis abends, bei Tag und bei Nacht!
Das ist zwar nicht korrekt, stimmt aber trotzdem.
Frauen, die sich nicht trauen,
soll'n mal auf die Kacke hauen
und einfach lernen,
böse zu werden.
Sie sollen böse werden, wenn sie was nicht verstanden haben..., äh, nein:
»Sie sollen böse werden und nachfragen, wenn sie was nicht verstanden haben.«
Wie z.B. Irene, die Sekretärin, die eines Tages mal etwas dümmlich zwischen zwei Abteilungsleitern stand, als die grade über den Bundeskanzler diskutierten. Jetzt wußte Irene ums Verrecken nicht mehr, wer der Bundeskanzler war. Da sagte sich Irene: »**Mensch,**

blockier dich nicht und sei ein böses Mädel. Fragen kann nicht schaden!« Und so erfuhr sie recht schnell den Namen von dem Bundeskanzler und kann seitdem überall herrlich mitreden.

Und so ist es auch. Frau muß nur anständig das Maul aufmachen, und alle, inklusive die Verhältnisse, fangen an zu tanzen. Und wenn Frauen irgend etwas wollen, dann ist das ja wohl Tanzen.

Nun gehört die Ute Ehrhardt nicht zu den revolutionären Schnarchpillen, die sich seinerzeit damit begnügten, das Elend der Welt durch ihre eigene Garderobe zu dokumentieren. Sie ist eher ein Aufputschmittel für all die Frauenzimmer, die eine Gehirnwindung mehr haben als Lisa Fitz und Hera Lind zusammen und auch mal 'ne größere Flöte blasen möchten – in der allgemeinen Barbarei.

Und dafür gibt es Barbara, Ute Ehrhardts Traumtype im dämmernden Wasserkopfzeitalter. Und Barbara hat gelernt. Barbara sagt:
»Der wichtigste Mensch, den ich kenne, bin ich selbst; und das wichtigste Wort ist für mich ich; und überhaupt: ich verdiene mehr als die zwei Möpse!« Und schon war sie keine Sekretärin mehr!
Sondern Chefin einer Firma für Gehaltserhöhungen, Aufstiegsleitern und Flötenkonzerte oder sonst was, ich hab's vergessen.
Und Barbara hat recht: »Wer immer nur hinter dem Herd hockt, kommt nie an die Fleischtöpfe.«

Und in ihrem zweiten großen Lebend-Wurf **»Jeden Tag ein bißchen böser**« versichert uns die gute Ute-Schnute:
»Ich geh' nicht über Leichen, aber durchaus über Leichtverletzte.«
Aja, auf Toten rumtrampeln, macht frau keinen Spaß, aber der am Boden sich krümmenden Konkurrenz beim

Drübergeiern kurz mal zeigen, wo die kleine Hupe hängt und wie man noch ein Ei versenkt...

Und Ute lacht:

»Was Männer können, können wir schon lange.«

Tja, c'est la vie! In jeder Frau steckt ein großes Arschloch. Man muß es nur herauslassen! Einzig die letzten großen Humanisten, die Wildecker Herzbuben, wollen das bis heute nicht wahrhaben!

Gute Nacht.

(April 1998)

Scheiß der Hund drauf!

»Sorge dich nicht, lebe!«
von Dale Carnegie

Liebe Leser!

»Sag mir, was du liest, und ich sag dir, wer du biest.«
Diesen nicht mehr ganz so frischen Spruch von Otto,
   dem Normalen,
   möcht' ich heute ohne Flachs mal kritisch
   hinterfragen ...
   oder sagen wir mal: ordentlich bekräftigen, anhand
des Millionensellers von Dale Carnegie »**Sorge dich
nicht, lebe!**«
   »**Sorge dich nicht, lebe!**« von Dale Carnegie ist ein
dickes, sorgenreiches, therapeutisches Sorgenbuch voller
Sorgen aller Art – große Sorgen, kleine Sorgen, schlimm-
me Sorgen und ganz, ganz schlimme Sorgen. 978 – ja,
978 sorgenvolle Einzelschicksale mit ihren ganz spezifi-
schen Einzel- und Spezialsorgen hat Dale Carnegie so
ergreifend schlicht und sorglos aneinandergereiht, daß
einem schon nach fünf Minuten die Birne brummt und
das Gefühl anschleicht, Rückenmark flösse in Strömen
aus dem Steiß.
   Dale Carnegie beschreibt nicht nur, wie man sich
landauf, landab so Sorgen macht, sondern vor allem, wie
man sie sich wieder wegmacht; und zwar, wie der Sor-
genmeister selber sagt, »**Ganz einfach!**« Mit so Sätzen
wie: »**Schlimmer kann's nicht kommen!**« oder:
Scheiß der Hund drauf!
   Schütt die Sorgen in ein Gläschen Wein!, »**Mach die
Schotten dicht!**« und Keine Sorge, Volksfürsorge!

73

Oder ganz einfach:»**Vergiß es!**«

Unser Sorgenexorzist und Einbauküchenseelenverkäufer Dale Carnegie wird nicht müde, mindestens 25 mal zu behaupten:»**Meine Antisorgentechnik wende ich seit nunmehr 30 Jahren auch bei mir selbst an...**« – und sie klappt! Sie klappt! SIE KLAPPT!

Sollten wir da nicht alle rufen:»Halt doch die ...!« oder wenigstens:»Beweise! Beweise! BEWEISE!«?

Aber auch wenn die Vermutung nahe liegt, daß Magenfalte Carnegie als kleiner Bursche mal kurz gegen eine Wand gerannt sein muß, auf den Kopf gefallen ist Kummeronkel Dale beileibe nicht. Weil er anscheinend ahnt, daß noch nicht alle Menschen so sauber ticken wie Guildo Horn, Bischof Dyba und sein Knecht Wojtyla, nölt er vorsorglich schon im Vorwort 'rum:

»**Lesen Sie Teil 1 und Teil 2, und wenn Sie dann nicht aufhören, sich Sorgen zu machen, dann werfen Sie dieses Buch weg.**«

Okay.

Liebe Leser, Sie fragen sich jetzt vielleicht: Wie kommt dieser Sorgensack eigentlich auf so einen Schmonzes? Nun, das ist ziemlich simpel. Er hat... Aber lassen wir es doch unser Sorgenkind mit seinen eigenen Worten sorgen, äh, sagen:

»**Nun, da ich in der ganzen Universitäts-Bibliothek kein passendes Buch über Sorgen und Probleme fand, schrieb ich selbst eins.**« Punkt! Bums! Fertig! So einfach ist das.

Und wie hat er das gemacht?

»**Ganz einfach. Ich las, was die Philosophen aller Zeiten zu diesem Thema zu sagen hatten. Außerdem las ich hunderte von Biographien, von Konfuzius bis**« Abstrusius. »**Und dann interviewte ich eine Menge Leute aus verschiedenen Gesellschaftskreisen.**« Die natürlich alle: mächtig ihre Morgenlatten saftig voller Sorgen hatten.

74

Aber was waren das für Leute, Dale?

Nun, das waren Leute aus verschiedenen Gesellschaftskreisen wie »**New Yorker Ölhändler und Herausgeber weltberühmter Zeitungen, Admirale und Offiziere mit Basedowscher Krankheit, Generaldirektoren, bekannte Zigarettenhersteller, berühmte Spezialisten mit jahrelanger Erfahrung, leitende Ärzte und erfolgreiche Keksvertreter einer riesigen Keksfirma.**«

Liebe Leser, ich würde Ihnen jetzt gerne eine lustige Geschichte von einem dieser Keksvertreter vortragen. Nur ... vielleicht sitzt gerade in diesem Augenblick irgendein trauriger Keksvertreter vor diesem Buch und muß lesen, wie hier über seine Kekskollegen geschrieben wird! Vielleicht rattert zu eben diesem Zeitpunkt ein anonymer Keksvertreter über die Autobahn und hat nicht nur einen Haufen Kekse in seinem Keksauto, sondern auch einen immensen Sorgenhaufen in seinem Kekskopf!

Also: Lassen wir den unbekannten Keksvertreter in Ruhe durch die dunkle Nacht ... ja, von mir aus: keksen, und belassen wir es bei der Feststellung, daß Dale Carnegie in erster Linie in unvorstellbaren Mengen in Managerkursen kursiert und arme Unternehmer das schöne Geld ihrer Arbeiter in sog. **Dale Carnegie-Trainingsprogrammen** verjuchzen, verkeksen und verweizsäckern.

Das Dumme ist nur, liebe Leser, daß ich durch die Lektüre jetzt selbst ein Problem habe: für jede Seite brauchte ich nämlich 'ne volle Familienpackung »Hallowach-Tabletten«.

Aber morgen wird ein schöner Tag. Da kauf' ich mir das neue Buch von Dale Carnegie mit dem sorgenfreien Titel: »Gute Nacht! Leben ohne aufzuwachen«.

Gute Nacht.

(Februar 1998)

Die Noelle, der Sachs und der Volkskörper

»Die Akte Astrologie«
von Gunter Sachs

Liebe Leser!

Seitdem es menschliches Verhalten gibt, oder sagen wir mal so: seitdem sich der Mensch mal so, mal so verhält, steht die Frage im Raum: Warum warum warum?

Aber damit ist seit kurzem Schluß. Denn heuer ist endlich das Rätsel gelöst. Und das verdanken wir dem guten, alten Sachs, dem Gunter Sachs!

»Gunter Sachs? Gunter Sachs?!« werden Sie jetzt fragen, liebe Leser. »DER Gunter Sachs?«

»Ja, DER Gunter Sachs.«

»Wie, der alte Luftikus und Haderlump? Der ... Playboy?«

»Ja, der.«

»Dieser alte Grapscher, der alte Sachs?!«

»Ja, genau!«

»Ach, guck mal einer schau! Und der lebt noch?!«

»Jaaa, mein Gott.«

»Und was ist jetzt mit dem?«

»Wieso? Ach so! Paß auf:

Der hat, habt acht, habt acht,

dem Goldmann Verlag ein Buch gemacht;

mit dem, hm, Tittel: ›**Die Akte Astrologie**‹.«

»Ach, was.«

»Ja, und zwar mit dem Übergrößen-Untertittel: ›**Sensation! Wissenschaftlicher Nachweis des Zusam-**

menhangs zwischen den Sternzeichen und dem menschlichen Verhalten.‹«

So, liebe Leser, und jetzt mal Ruhe und nicht dazwischengequatscht!

In enger Zusammenarbeit mit dem Alt-Nazi-Schrapnell Noelle-Neumann hat sich Gunter Sachs durch Abermillionen von Statistik-Daten gewieselt, und zwar zu den Themen **»Heirat, Scheidung, suicide; Singles, Auto, Beruf und Krankheit.«**

Das war eine Menge Holz und teilweise recht verwikkelt, verzwickelt und verzwackelt. Aber Standardabweichung, Häufung und Varianz, Wahrscheinlichkeit und Glockenkurve kannte er ja noch von früher.
Und damit der potente Käufer, oder besser: die potentielle Käuferin, sich nicht simpel mit der Buchdeckel-These befriedigt, sondern den Firlefanz auch wirklich reintut, mußte Gunter, der Weltgeist, auf den durchschnittlichen Wortschatz einer Bäuerin hinabsteigen, oder wie Sachs selber sagt:

»Wir sahen uns veranlaßt, Kompliziertes zu vereinfachen. ›Fruits de terre en robe de chambre à la Duc d'Arcangues‹, nannten wir manches Mal schlicht ... Kartoffeln.«

Oh, la, la! Lange Rede, Pommes im Sinn: Hier, liebe Leser, vorneweg einige frittierte Kartoffelsprüche à l'Institut d'Allensbach de la Madame Noelle-Neumann:

Zwillings-Frauen lassen sich eher scheiden.
Fische-Männer eher heiraten.
Und **Stiere** bauen die meisten Unfälle.

Übrigens:
Die einfühlsamen **Fische** tummeln sich gern im Fachbereich Sozialarbeit.

77

Und **Jungfrauen** kriegen nur ganz selten Aids. – Ist ja auch nur logisch.

Aus der Nummer »Ich gebe mir die Mottenkugel« nun: Kartoffelpü vom Feinsten!

Stiere, Krebse und Fische machen eher Feierabend, während die **Waagen** es nur selten wagen.

Und weil Spökenkieker, Unken und Telepathen sich anscheinend besonders für signifikant unnatürliche Abgangsmethoden interessieren, hat Sachs die armen Seelen noch mal extra aufgedröselt. Demnach sind **Fische** (Wir erinnern: Sozialpädagogen) eher Schlaftabletten zugeneigt, während **Stiere** signifikant Auspuffgasen den Vorzug geben.

Soweit alles im grünen Bereich. Aber im folgenden sollte mir einer mal 'nen Storch braten:

Die **Waagen** tendieren am heftigsten zur Jurisprudenz! Dazu unser Gunter:

»Es verwundert nicht, daß die Waagen mit ihrem Sinn für Gerechtigkeit und ihrer Begabung zum ausgewogenen Urteil unter den Juristen signifikant überrepräsentiert sind.«

Noelle-Neumann sitzt daneben und hat noch den Satz von ihrem Nazi-Mann im Ohr:

»Der Jude guckt, der Richter kichert:
Hoffentlich Allianzversichert!«

Liebe Leser, ich kann mir nicht helfen. Gemäß der eisernen Faustkeilregel: »Ich traue nur der Statistik, die ich selbst gefälscht habe«, haben wir es hier, so meine ich, mit einer beinharten Volkskörperverscheißerung zu tun, die nur in den Aborten von Noelle-Neumann gedeihen konnte.

Aber, was soll's. Jedem das Seine!

Nur Du, Gunter, Du hast mich echt enttäuscht. Du warst zwar immer schon der Weizsäcker unter den Stechern dieser Welt! Und Brigitte Bardot war auch schon ein Fehltritt. Aber jetzt noch Noelle-Neumann??!

Gunter, alter Skorpion! Triebe hin, Triebe her; halt Dich doch einmal an Deinen eigenen Kaffeesatz: **»Glücklich leben die Zikaden; denn sie haben stumme Weiber.«**

Aber den hat ja Dein Kollege und Strandläufer Xenarchos schon vor 2400 Jahren umsonst in den Sand gekritzelt.

Gute Nacht.

(April 1998)

2001 oder 2003 is' alles vorbei

»Der Bibelcode«
von Michael Drosnin

Liebe Leser!

Alles Leben auf der Erde fing schon mit einem ziemlich großen Knall an, und dunkel ahnt so mancher, wird es wohl mit einem ziemlich großen Knall auch wieder enden. Aber, der Reihe nach:

Mitte letzter Woche – es muß so um den Mittwoch herum gewesen sein, die Sonne war grad' auf- und der Mond davongegangen, die Vollmeisen piepten zum Lobe der Vollmeisengötter lustig durch die Bäume, da, ja, da stolperte ich in einem Bücherverkaufsgeschäft über eine gar sonderliche Schrift; über eine Schrift mit der Überschrift: »**Der Bibelcode**« von Michael Drosnin.

Beim Überfliegen der Sachbuchdauerbrennerliste war mir dieser »Bibelcode« schon des öfteren untergekommen, aber ich hatte immer angenommen: »Hö, hö, da will uns doch nur ein tunichtguter Drewermann-Pullover wieder eine alte Jesuslatsche andrehen oder einen neuen, wunderbaren Bären aufbinden, den man in den Qumran-Höhlen bisher übersehen hatte.« Aber wahrlich, wahrlich, nichts davon war wahrlich.

Liebe Brüder und Schwestern! Ach Quatsch...
Liebe Leser! Mit Blindheit geschlagen war ich also nun über den »Bibelcode« gestolpert. Sollte dies wahrlich ein Wink mit einem Zaunpfahl gewesen sein?

80

Ich winkte einen Verkäufer herbei und sprach:

»Ich bin hier grade gestolpert...«

»Oh, das tut mir leid!«, sagte der Verkäufer.

»Nein, Blödsinn.«

»Wie, Blödsinn?«

»Ja, Blödsinn ... nein, ich mein', ich bekam gerade einen Wink mit einem Zaunpfahl, und da wollte ich Sie mal was fragen. Dieser ›Bibelcode‹, der ist ja wohl ein dolles Ding, nicht wahr?«

»Hach, dolles Ding ist bei Gott kein Ausdruck! Hören Sie mal, oder besser: lesen Sie mal, hier den Klappentext«:

»Dies ist das wichtigste Buch, das jemals über das Buch der Bücher geschrieben wurde.«

Das war ja ein dolles Ding! Und der sympathische Verkäufer – ich nenne ihn aus Geheimhaltungsgründen mal Herrn Sowieso aus Köln – fügte dann noch hinzu:

»Und weil das Bedürfnis nach dem ›Bibelcode‹ so unglaublich groß ist, hat die Geschäftsleitung davon hier mitten in den Gang einen Riesenhaufen hingemacht. Ja, an manchen Tagen wollen die Leute sogar noch lieber den ›Bibelcode‹ als den ›von Weizsäcker‹.«

Ich mußte wohl irgendwie ein nachdenkliches Gesicht gemacht haben, denn Herr Soundso boxte mir freundlich in die Rippen und hauchte mich an:

»Kaufen auch Sie den ›Bibelcode‹; er wird Ihr Leben baschtig verändern.«

»Auf jeden Fall wird er mich um 38 Mark erleichtern«, scherzte ich drauflos.

Da mußten wir beide sehr lachen, und mit dem ›Bibelcode‹ im Hosenbund eilte ich heimwärts, nahm Platz in dem Sessel mit den großen Ohren und verschlang das Buch in einem Hubbeldibupp wie seinerzeit der kleine Jonas den unglaubwürdigen Lebertranfisch.

Doch: was stand denn nun in dem Lebertran, äh in dem »Bibelcode«?

Nun, der Autor Michael Drosnin hat unlängst entdeckt, daß das Alte Testament durch und durch, quasi von Pontius bis Pilatus durchcodiert ist. Vor 3000 Jahren mußte irgendwer – der Autor sagt: »**höchstwahrscheinlich war es Gott selbst**« – die ganze Zukunft im voraus gewußt haben. Und als die Haschrebellen damals in der Wüste die ganzen wüsten Geschichten zusammengebibelt hatten, da hatte der Hl. Strohsack denen zusätzlich noch einen Subtext untergejubelt.

Und den hat jetzt dankenswerterweise der berühmte Journalist Michael Drosnin mit Hilfe von seinem Heimcomputer herauscomputert.

So! Und nun heißt es wieder: Anschnallen, liebe Leser! Oder vielmehr: Abschnallen!

Alles, was seitdem geschehen ist und noch geschehen wird, steht schon korinthenkackermäßig aufgelistet in the Holy Bible:

Sämtliche Erdbeben und mittelalterlichen Plagen,
Jeder Furz und jeder Pups, und alle ollen Sagen
Hitler, Hintze, Holocaust
Ulla Kock am Brink und Birne,
hier 'ne Bombe, da 'ne Bombe,
Kastelruther Spatzenhirne!
Und Michael Drosnin, der da sagt:
Alles hat ein Ende, alles ist vorbei,
im Jahre 2001 oder 2003!

Da hat der Filou nämlich als apokalyptische Sahnehaube den »**Atomaren Holocaust**« vorgesehen.

Ja, das ist hart. Doch der wird Gott sei Dank weder in Oer-Erkenschwick stattfinden, noch in Bergheim oder Quadrat-Ichendorf, sondern mit ziemlicher Sicherheit in Bethlehem, und wenn nicht da, dann in »**Jerusalem**« oder in Methusalem.

So weit, so Sachbuch.

Aber, liebe Leser, auch ich habe die Decodiermethode genau studiert und herausgefunden: In dem gesamten hebräischen Urtext taucht nicht ein einziges Mal der Erlöser und Hoffnungsträger Gerhard Schröder auf.
Und da kann ja wohl was nicht stimmen!
Darüber sollten wir mal nachdenken.
  Gute Nacht.

(März 1998)

Völkermord und Büßergürtel

»Der Vatikan«
von Guido Knopp

Liebe Leser!

Die Bestseller von heute können einen ab und an doch ganz schön traurig stimmen und lassen Pocken, Pest und Milzbrand zwischendurch schon mal als Erlösung erscheinen.

Aber heute, liebe Leute, kann die Besprechung nur witzig werden. Denn heute will ich mal keine Warze besprechen, sondern ein Witzebuch! Und das Witzebuch trägt den Titel: »**Der Vatikan**«.

»**Der Vatikan**« von Professor Doktor Haargel causa Guido Witzbold Knopp.

Nun werden Sie denken, liebe Leser: »Och nee, komm, Kirchenwitze, da hab ich keine Zeit für.«

Und Sie, liebes Generalvikariat, Sie werden wohl sagen: »Häh, wieso? Da sin' doch überhaupt keene Witze drinne!«

Un', lecko mio, in der Tat, et is' auch so, Vikariat!

»**Der Vatikan**« stimmt eher traurig, wenn Guido Knopp in seiner unendlichen Einfaltigkeit z.B. über Pimmelhasser Pillenpaul dem Leser folgendes anvertraut:

»**Paul, der Sechste, suchte auch die körperliche Kasteiung. Er trug um seine Hüfte einen Büßergürtel, dessen spitze Stacheln ihm ins Fleisch drangen.**«

84

Ah, Jahwe, das tut weh. Da fällt wohl so manchem der Sack in Scheiben, und dem einen oder anderen Pornoshopbesitzer eine neue Werbestrategie in den Schoß.

Oder über Wojtyla, der nur die Ozonschicht und die Frauen noch mehr haßt als seinen eigenen mickerigen Kümmerling:

»1945 erhielt der junge Mann aus Wadovice die Weihen zum Diakon – und zum Exorzisten, ein herkömmlicher Schritt auf dem in Polen üblichen Weg zur Priesterweihe.« Ja, das ist nicht nur traurig, das ist sogar locker steigerungsfähig:

»Den Titel Exorzist trug Karol Wojtyla nicht nur der Form halber. Und tatsächlich hat er im Laufe seiner kirchlichen Karriere mehrfach Teufelsaustreibungen persönlich vorgenommen.«

Liebe Leser, dackeln Sie bitte nicht morgen früh direkt in die nächste Bücherei, nur weil Sie jetzt glauben, »Der Vatikan« von Guido Knopp strotze nur so von solchen Dingern, die, hm, die uns doch alle eher traurig stimmen sollten!

Nein, nein! Bei der Glatze von Pater Camembert! Diese beiden traurigen Geschichten sind wirklich die beiden einzigen!

Alles andere ist nicht traurig, sondern ein kosmischer, katholischer Riesenkalauer, ein Megascherz, eine gottlose Zote von 350 Seiten Länge.

Guido Knopp, jahrelanger Auslandschef der »Welt am Sonntag« und seit '84 Ressortleiter für christliche Geschichtsklitterei beim ZDF, weiß wohl am besten, daß Gott tot ist, und sagt sich deshalb auch: »Jetzt kann ich mir alles erlauben!«

Unwichtige Details, die aber Mühe gemacht hätten, sie selbst herauszufinden, klaut er ungeniert wortwörtlich aus den Werken von Kirchenkritiker Karl-Heinz Deschner:

Daß in den Heiligen Hallen von Rom auch schon mal **»Peter«, »Gretchen«** und **»Mietzi«,** nämlich, **»eine**

Perserkatze, ein Kanarienvogel und«, man faßt es nicht, **»ein Dompfaff«** ihr Unwesen treiben, das hat der Guido aus hörigen Nonnen herausgekitzelt;

daß der frühere Chef der Vatikanbank, Erzbischof Marcinkus, in seiner Eigenschaft als Erzgauner 1,3 Milliarden Dollar in seinen Privattabernakel 'reingegaunert und damit den größten Bankenkrach der italienischen Geschichte provoziert hat, sich dann vor der Polente im Vatikan verkroch und lustig weiterzockte und heute unbehelligt in Arizona alle Golfplätze platt trampeln darf, bis ihn der Sensemann holt..., das alles ist dem Guido seinen Knopp nur 44 Zeilen wert;

aber ein ganzes Kapitel für die bekloppte Widerlegung der noch bekloppteren These, Joh. Paul, der Erste, der ewiglächelnde 33-Tage-Papst, wäre von den eigenen Kumpanen gemeuchelt worden! Als ob im Hause Gottes so was nötig wäre!

Vielleicht hätte Guido einfach den Dompfaff **»Mietzi«** mal in die Mangel nehmen sollen..., doch dafür ist Guido wohl nicht pfiffig genug gewesen.

Nur für die Aufwärmung der »Grölaz«, der größten Lüge aller Zeiten, Pius, der Zwölfte, hätte das 2. Große Weltgemetzel verhindern wollen und gegen die Ermordung der Juden nur zu leise protestiert, dafür hat's beim katholischen ZDF-Historiker grad noch gereicht!

Pius, der Zwölfte, der nichts auf der Welt mehr liebte als die Deutschen und nichts mehr haßte als die russisch-orthodoxe Kirche, den Kommunismus und das Judentum,

der die Himmelfahrt von einer halben Million Serben höchst persönlich absegnete und die von Maria zum Dogma erhob,

der bis '45 nicht einem jüdischen Flüchtling eine Audienz gewährte, aber danach 5000 arische Massenmörder über seine hausinterne Rattenlinie laufen ließ...

»Dies ist nicht die Bilanz eines allmächtigen Stellvertreters. Dies ist das Zeugnis eines tiefsitzenden Zweifels.«

86

Ach, Guido Knopp, du Weizsäcker vom Mainzer Leichenberg! Der Hahn, der damals 3 mal krähte, der muß Dich doch beim Tippen verrückt gemacht haben!

Na, ist eventuell auch egal.

Aber, was ist eigentlich mit Euch, liebe »Kirche von unten«?

Was sagt Ihr denn zur letzten Absonderung von Wojtyla wg. Endlösung, Zahngold und Lampenschirm?

Gar nix? Immer noch am Grollen wegen der Abtreibung der Kaffee- und Beratungskränzchen?

Oder Angst vor Ratzinger?

Es ist aber auch 'n Kreuz, nicht wahr?

Gute Nacht.

(März 1998)

Liegestützen für das Volk

»Die 5 Tibeter«
von Peter Kelder

Liebe Leser!

Frau Noelle-Neumann aus Allensbach, seit 1936 unterwegs im Dienste der Volksweisheit, hat herausgefunden:
50% aller Deutschen glauben an außerirdische Wesen, (wobei Jürgen Fliege und Kardinal Meisner explizit ausgenommen waren). 66% fürchten einen »schädlichen Einfluß von Erdstrahlen auf ihren Schlaf«, und 95% halten »Flüchtlinge für Eindringlinge«.
Die Zahlen beweisen, daß man in Deutschland mit Waldmeisterpudding in Hirnschale doch ein relativ gesundes und unauffälliges Leben führen kann.

Weit über 1 Million von solchen ganz normalen Deutschen haben sich in den letzten 8 Jahren 1 Buch gekauft – ein Buch mit dem Titel: »**Die 5 Tibeter**« oder »**Wie man**« mit Quatsch und Tinnef »**in ca. 10 Wochen 30 Jahre jünger werden kann**« und sich ganz nebenbei diese leicht debile Dauergrinse einfängt.

Hei nun, liebe Leser, bis zu dem Mittag, an dem auch ich dies teure Büchlein für alberne 22 Taler erstand, war ich der wirklich dummen Meinung, es würde mir nur die Lebensgeschichte von fünf heiteren tibetanischen Hutzelmännchen erzählen.
Ich hatte ja schon viel gehört von diesem lustigen Lalei Lama – zum Beispiel:
daß es seit langen, langen Jahrhunderten sockenlos

und ohne Ärmel hoch droben auf dem Dach der Welt zu hocken pflege und friedlich und vorzugsweise exiliert große Töne spucke;

daß das Lalei Drama aber auch von ganz dort droben, vom Dach der Welt, alles durch sein Kassengestell erblicken und erkennen könne, wenn ... wenn die Erde nicht eine Kugel wäre.

Und wie überrascht war ich in meinem tiefsten Innersten, als ich die Schweißnaht der »5 Tibeter« löste und mein Augenlicht in diese wundersame Schrift versenkte! Es war nämlich nicht so, wie das Vorwort prophezeit, **»die Verjüngung um 30 Jahre stelle sich möglicherweise erst nach 10 Wochen ein«** ... nein, nein, bereits vom ersten großen Buchstaben an war ich schon der 11-jährige, der kleine Bub, der seinen Vater täglich sagen hörte: »Gib sofort den Scheiß her!« und: »Ich verbiete dir ein für alle Mal, für Mist mein Geld aus'm Fenster ... undsoweiter!«

Ach ja, und ich muß zugeben: **»Die 5 Tibeter«** sind in der Tat **»phantastisch«**, um nicht zu sagen **»sehr phantastisch.«**

Es gibt weder den Autor namens **Peter Kelder**, noch gibt es den sog. **»Colonel Bradford«**, der im Buch als Identifikationseumel 100.000 exotische Ländereien durchbrettert, 50 verschiedene Sprachen auswendig hersagen kann und überall ungefragt seinen Senf reinspritzt, bis er dann bei irgendwelchen apokryphen Lamas grundlos ins Gras beißt, nicht ohne vorher dem, wie gesagt, auch im Verlag völlig unbekannten Autor Peter Kelder seitenweise horrenden Oberstuß in die Maschine gehauen zu haben.

Desweiteren gibt es zwar 39 Auszüge aus Leserbriefen, aber alle ohne Namensnennung. Es gibt nicht mal Abkürzungen wie Swami r.b. für Swami Rudolf Bahro oder einfach B.B. für:

Buddha Biermann.

In den »5 Tibetern« gibt es keine Logik, und es gibt keinen Sinn. Es gibt keine einzige nachprüfbare Geschichte und keine Weisheit, die nicht schon die alten Binsen kannten.

Was es gibt, sind haufenweise Sätze von folgendem Kaliber:
»In dem Kloster im Himalaja war ein Mann, bei dem Sie geschworen hätten, daß er nicht über 35 sei, und er handelte wie ein Mann von 25. In Wirklichkeit war er über 100 Jahre alt. Wenn ich Ihnen verraten würde, wieviel über 100, würden Sie es mir nicht glauben.«

Was es allerdings wohl gibt – ob Sie's glauben wollen oder nicht, liebe Leser –, das sind »**Die 5 Tibeter**«! Jaja! Das ist nämlich die banale Umschreibung für 5 lustige Leibesübungen, als da wären: Drehen um die eigene Achse bis kurz vorm Kotzen, Brücke, Kerze, Hinlegen und Strammstehen. All die guten Dinge, mit denen ich früher im Sportunterricht von einem Lehrer gequält wurde, bei dem die Entnazifizierung mißglückt war.

Dann haben wir da noch neben der »**5 Tibeter-Hotline**« zehn »**5 Tibeter-Vertiefungsmittel**«, z.B. das »**5 Tibeter-Medien-set**«, die »**5 Tibeter-Duftmischung**« und »**5 Tibetern mit Kindern**«; letzteres gibt es auch auf Belgisch.

Und da der »Integral-Verlag« seinen Bestsellerautor wohl bis heute nicht ausfindig machen konnte, gibt's in der »**Hausmitteilung**« vorsorglich noch den Satz:
»Eine Haftung für etwaige Personen-, Sach- oder Vermögensschäden ist insofern ausgeschlossen.«
Es steht ja nun jedem frei, sich über sinnsuchende Selbst- und Massenmordkommandos tiefe Gedanken zu machen oder einfach totzulachen. Man könnte sich auch ein Anti-Mantra ausdenken, um diese Vögel wieder in christliche Kirchen zurückzuommen.

Doch der ganze Spökes hat auch seine guten Seiten, wie das bei Spökes eben oft so ist.

Er beweist nämlich, daß der Amerikaner Daniel Goldhagen mit seinen »Willigen Vollstreckern« so ziemlich völlig daneben getippt hat. Denn der hat ja in seinem Monsterbuch über die Deutschen behauptet, seit '45 wären sie doch wirklich vollkommen anders drauf.

Was mich nur wundert, ist der Umstand, daß seit Anfang des Jahres »**Die 5 Tibeter**« mirnixdirnix aus der Bestsellerliste verschwunden sind.* Aber wahrscheinlich wurden sie wiedergeboren unter dem Namen ... Richard von Weizsäcker.

Und was diese ominösen Lamas betrifft, halte ich es lieber mit Jesus, der da sprach: »Lama, du kannst gehen!«

Gute Nacht.

(Januar 1998)

* So, wie »**Die 5 Tibeter**« mirnixdirnix draußen waren, so waren sie nach drei Wochen mirnixdirnix wieder drin. War also nix mit Wunder. Wodurch sich auch die Wiedergeburt nachhaltig in Frage stellt.

92

Schaitan im Land der Liebe

»Lügen im Heiligen Land«
von Peter Scholl-Latour

Liebe Leser!

Allah ist groß und der liebe Gott nicht minder; genauso groß ist Manitu, von Jahwe janz zu schweigen. Aber – und das müssen diese vier Bartmänner zugeben – einer is' noch bärtiger und noch 'ne Ecke größer:
PETER SCHOLL-LATOUR!
Wie jene Götter, so hat auch Peter Scholl-Latour, »the Godfather of the Allroundwissen«, so ziemlich alles vollbracht, was ein Gott so voll bringen kann. Er hat alle möglichen und unmöglichen Sprachen studiert, und Griechisch, Babylonisch, Latein und Kongo; Französisch kann er rückwärts beten, Arabisch von rechts nach links und Hebräisch ... na, da hapert's noch. Er war Herausgeber vom »stern«, Fernsehdirektor vom WDR und Korrespondentenkaiser von Indochina. Peter wurde weltberühmt durch sein Mitteilungsbedürfnis und letzte Woche heiliggesprochen.
Liebe Leser, andere Götter beließen es bei 1 Bestseller und lebten fortan und kontaktlos in ihrem Kuckucksheim. Nicht so Peter »der Bolzen« Scholl-Latour! Nach seinen drei Bibeln »Der Tod im Spargelfeld«, »Das Pferd des Islam« und »Die Zukunft der Mützenmänner« sieht sich die Menschheit nun mit einem neuen Scholl-Latour-du-monde konfrontiert:
»Lügen im Heiligen Land – Machtproben zwischen Euphrat und Nil«. Ein Monstrum an Bescheidenheit, megalomanisch in seiner Selbstbeschränkung;

salomonischer als Salomon und weizsäcker als Weizsäcker. Kurzum: ein deutsches, aber anständiges Buch, ein christliches, aber menschliches, ein tolerantes, aber eins aus dem Hause Wolf Jobst Siedler.

Nun, liebe Gläubigen, kommen wir vom Erhabenen zum noch Erhabenerereren! Also spricht der Meister zu uns in seinem Vorwort, das ER nicht Vorwort nennt, sondern schlicht »**avant-propos**«; also Vorwort:

»**Ich weiß sehr wohl, daß die Zerreißproben im Heiligen Land nicht an dem Tag zum Stehen kommen, der für das Erscheinen dieses Buches vorgesehen ist.**« Nee, is' klar. Würd' ich auch so sehen. Aber spätestens doch dann, Maître, wenn ein jeder DEIN Œuvre gelesen hat, oder?

Doch Peter »Mein ist die Rede« Scholl-Ledieu läßt sich nicht beirren und avant-propotet weiter:

»**Ich berichte ohnehin nur über Geschehnisse, die ich höchstpersönlich und hautnah erlebt habe.**« Na, das woll'n wir mal auch annehmen. Aber sag, Sidi, warum sagst DU das? Etwa wegen Konzelmann, der so herrlich klauen kann? Oder wegen Friedhelm Brebeck-»Massengräber«, userm lieben Röchelmann aus den Schluchzen des Balkan? Oder wegen der undurchsichtigen Muselmännin Annemarie Schimmel-»Unterm Tschador«?

Ach, Quatsch avec sauce!

1.: Verschleiern muß Kara Ben Nemsi gar nix, erfinden schon mal 2.: überhaupt nie nix, und zitieren tut ER wenn schon, denn schon nur sich selbst. Da ist sich Peter höchstpersönlich selbst der nächste.

Und was gibt's dagegen schon zu klagen? So was tun auch andere höchste Höchstpersönlichkeiten; man denke nur an Allah und den lieben Gott.

Und so sprudelt's aus dem Stein der Weisen:

»**Die Tatsache, daß ich bei den Zitaten früherer Erfahrungen kein Wort ändern, kein Urteil revi-**

dieren muß, sollte zugunsten der Stichhaltigkeit meiner Prognosen sprechen.«

So spricht der Herr, der Wüstenfuchs. Mir kann keiner. Vor allem nicht das Wasser reichen.

Liebe Leser, von Bagdad bis Kairo, von Beirut bis Aleppo, von Hallodria bis Kabbala und von Umma bis Gumma ging diesmal die 4-monatige Peter Scholl-La-Ochsen-Tour. Am Ende stand dann einsam Peter Pan in seinen Toffeln und wußte, was er doch schon vorher wußte: Zwischen Euphrat und Nil – tut sich nich' viel.

Und da der Kommandante Redundante immer so weitläufig zu erzählen weiß, faß' ich für Sie und ihn die ganze Weisheit flott zusammen:

Im hochgelobten Mützenland hauen sich seit Jahrhunderten und seit Auschwitz verschärft die Mützen aller Preisklassen die Rübe in Klump, nur weil ihnen die jeweils andere Mütze nicht paßt.

Derweil sitzt manche Sondermütze
noch fett auf einer Ölscheichpfütze.

Und weil der Mützenstreit eine solch mützenmäßige Tradition hat, kommt eine andere, eine mützenlose oder weniger bemützte Gesellschaft auch in Zukunft erst gar nicht in die Mütze.

Chapeau! Wer wollte da mit Peter »Fang den Hut« nicht d'accord gehen? Mit Ausnahme vielleicht der Sudetenkäppis und Pickelhauben, der Tiaras, Mitras, Tschakos und Bibis und sonstigen Pißpötten, Zipfelmützen, Kreis- und Nervensägen dieser Erde.

Manchmal glaube ich aber, daß Monsieur le Figaro doch zu lang auf 'nem Kamel gesessen hat; wenn er z.B. die mangelnde Gastfreundlichkeit der Israelis mit dieser deutschen Höflichkeit erläutert:

»Dafür war denn auch das jüdische Volk durch zu viele Feueröfen gegangen.«

Ja, und so sehr er auch die Worte wiegt und wägt – manchmal weiß man gar nicht, was er überhaupt meint:

»Nichts liegt mir ferner, als meine Erlebnisbe-

richte mit theoretischen Betrachtungen zu über-frachten. Aber die Pelz-Schapkas und Kaftane der Ultra-Orthodoxen an der Klagemauer hatten Assoziationen mit jenen unendlichen Steppen Zentralasiens geweckt, wo ich unlängst ähnlich gewandeten Turkstämmen begegnet war.« Hm.

Egal. Schleierfahndung hin, Schleierfahndung her – Reisen bildet allemal, ob zugekifft oder auf einem höckerigen Trampeltier. Nur manchmal beschleicht mich die Befürchtung, daß Peters aufdringliches Vollquatschen wildfremder Turkstämme eines Tages noch mal zu einem extra Kriegsgrund führen könnte:

»Die Außenmauern waren mit Bildern von Yassir Arafat beklebt. Zwei Kommunalbeamte hielten Mittagsschlaf. Die Stimmung ist schlecht, erklärten sie, nachdem ich sie wachgerüttelt hatte.«

Peter, ICH hab dich gewarnt.

Gute Nacht.

(September 1998)

Unter Negern

»Der Efendi wünscht zu beten – Reisen in die vergangene Fremde« von Marion Gräfin Dönhoff

Liebe Leser!

Vor sieben Monden orakelte ich, daß angesichts der heillosen Fortschritte in der Schulmedizin nur ein flottes »Vater unser« unsere Frau Marion Gräfin Dönhoff daran hindern könne, noch ein Buch zu veröffentlichen. Aber gläubig oder, wie man in Köln sagt, abergläubisch müssen Sie deshalb nicht werden. Denn ein solches Trauerspiel war nach heutigem Stand der Wissenschaft an zwei Pendeln ja vorherzupendeln. Und jetzt haben wir den Salat!

Marion Gräfin Dönhoff: »**Der Efendi wünscht zu beten – Reisen in die vergangene Fremde**«. Puh!

Ausschlaggebend für dieses gräfliche Produkt war wohl nicht die Weisheit von Heraklit »Alles fließt«, sondern die von Hera Lind »Ich laufe aus.« Und so dachte sich das Auslaufmodell Dönhoff: »Mensch, Marion, du hast doch noch deine vergammelten Reiseerzählungen aus den 50er und 60er Jahren?! Raus aus der Gruft und rein in den Druck!«

Tja und, Abramakabra, ist der Kappes wieder kaufbar, und neu ist nur der Klappentext. Doch auch er ein gefundenes Fressen für Gräfin Grufti-Lesekreise:

»**Bei Scheichs in der Wüste, mit Maharadschas in indischen Tempeln, bei schwarzen Stammesführern im südlichen Afrika – die junge Marion Grä-**

97

fin Dönhoff war nach dem Kriege eine der ersten, die die Welt bereisten, die man später ›die 3. Welt‹ nennen sollte.«

Abgesehen davon, daß sich der Ausdruck »3. Welt« schon damals bei Otto Normal-Neger als revolutionärer Kampfbegriff eingebürgert hatte, gehörte Frau Gräfin beileibe nicht zu den ersten, sondern eher zu den allerletzten Deutschen, die nach dem Kriege auch noch den Teil der Erde heimsuchten, der von den Nazis verschont geblieben war.

Ach, da wollt' ich gar nicht hin!

Aber sag', was wollt' ich denn?

Ach ja. Liebe Leser, wie wär's mit einem kleinen Ausritt? Haben Sie Lust? Auf Marion? Im Original? Na, denn!

Frau Gräfin, Anno Domini 1960, noch ganz dem Neuen aufgeschlossen:

»Die erwachsenen Afrikaner sind manchmal ebenso wissensdurstig und lernbeflissen wie ihre Kinder. Oft wandern auch sie nach Arbeitsschluß noch kilometerweit über Land in eine Schule, um lesen und schreiben zu lernen...«

Interessant. Neben den Büffelwanderungen jetzt also auch noch die Wanderungen erwachsener Afrikaner. Doch so ist es wohl: Wer büffeln will, muß wandern!

Und was ist außerhalb der Serengeti so gebacken, Frau Gräfin Marion?

»In den Städten sieht man gelegentlich, wie sie sich nachts den Schein einer Straßenlaterne zunutze machen...«

Aha! Straßenlaterne. Und was macht das Bimbo unter der Laterne? Singt es »Lili Marleen«? Oder schwengt es sein Täschchen? Aus Büffelleder? Ah, geh!

»Da sitzen sie dann auf dem Bürgersteig und studieren das Alphabet oder irgendeine Lektion.«

Gut. Sehr gut. Aber wie ist das so mit Happi-Happi? Ich hab gehört, es lebt der Mensch nicht von Gebet und Alphabet allein! Oder gab es damals schon reichlich

ausrangierte Buchstabensuppe von Nestlé und Bundes-
wehr? Natürlich nein!

**»Die Alten in Afrika sterben in der Mehrzahl der
Fälle an Auszehrung, denn die Verteilung des
meist zu knappen Essens geht so vor sich: Erst
bekommen die Männer etwas, dann die Frauen,
dann die Kinder, und wenn dann noch was da ist,
dann bekommen es die Alten. Wenn nicht, dann
gehen sie eben leer aus.«**

Mensch, liebe Leser, ich war ja schon heilfroh, daß Marion G-Punkt Dönhoff mir nicht direkt wieder auf den
Wecker ging mit ihrer Weizsäckerei über Werte-kaputt,
Familie-kaputt, Horror, Sex und Mangel an Gemeinsinn. Aber kaum sinnierte ich beim Lesen so vor mich
hin, kam es rattazong und knüppeldick:

**»Ich habe diese Menschen oft beneidet, welche
die Lebenskunst so viel besser beherrschen als
wir: nichts Hektisches, Arbeit nur in Maßen, viel
Gelächter, viel Beschaulichkeit und viel Geschwätz.«** Genau!

Im Dschungel herrscht nur ein Gesetz:
Beschaulichkeit und viel Geschwätz.

Man fragt sich nur, warum die Gräfin neidisch wird?
Egal. Weiter:

**»Niemand hat die Idee, er müsse es zu etwas
bringen. Man bleibt in seinem Dorf, in der ge-
wohnten Gemeinschaft, geht mit allen anderen auf
den Acker, zum Brunnen, zum Markt, zum Tanz,
und ergreift gegebenenfalls den Beruf des Vaters.«**

Ist ja interessant! Und ich bettelte damals als Fünf-
jähriger meine Mama immer um einen Groschen an, für
den armen Nick-Neger im Kindergarten!

Aber Marion ist noch nicht am Ende. Marion zum letzten:

**»Es ist das Kollektiv, das zählt: die Familie, die
Sippe, der Stamm – nicht der Einzelne.«** Na also! Du
bist nix, dein Volk is' alles! Und das original im Jahre 15

nach dem bösen Buben. Und neu aufgelegt im Jahre 3 nach Hutsi und Tutsi.

Liebe Leser, wir schreiten nun zur Schlußpointe, und die, die soll die Gräfin kriegen:

Trommelwirbel! Licht aus! Lampe an!

Ein wahrhaft unsterblicher Dönhoff! Bidde schöön!

»Die armen Entwicklungsländer, lange werden wohl auch sie nicht mehr in diesem Zustand paradiesischer Unschuld verharren.«

Mein Gott!

Gute Nacht.

Nachtrag:

Liebe Leser, als ich das Buch der Gräfin, wie man so sagt, endlich durch hatte, war mir, als hätte sie was Wichtiges vergessen. Und richtig: In ihren Buschgesprächen fehlte DAS Spezifikum aus dem Hause Dönhoff, der obligate Hinweis auf den GroßartigenDeutschenMilitärischenWiderstandVonKlausSchenkGrafUndCo gegen Hitlerpipapo.

Aber wie sagt schon der Neger: Man kann im Leben nicht alles haben.

Gute Nacht.

(Juli 1998)

Wieher im richtigen Leben

»Der mit den Pferden spricht«
von Monty Roberts

Liebe Leser!

Pack schlägt sich, Pack verträgt sich. Insofern sollten
wir Michael Schumacher nicht ganz so ernst nehmen,
wenn er Fußballfans zu Tieren macht und einschläfern
lassen will. Außerdem: Mir ist dieser spritzige Gedanke
ja auch nicht fremd. Vor allem, wenn man dauernd mit
ansehen muß, wie der schnellste Asi der Welt auf'm
Treppchen immer seinen Sekt ejakuliert.
    Häschlischkeit kennt eben keine Grenzen!
    Und nachdem unsere Brüder und Schwestern von drü-
ben die Mauer kaputtgemacht hatten, war selbst dem
letzten Träumer klar, daß 40 Jahre lange, harte, soziali-
stische Erziehungsarbeit aus Bürgern letztendlich auch
nur Ossis machen konnte.
    Während es bei uns schon immer hieß: Der Mensch ist
fies, trotz Herbert Mies.

Und so, liebe Leser, wird uns doch immer wieder wohlig
warm um's Herz, wenn unsere desillusionierte Seele
gestreichelt wird durch die Kunde über jemanden, der
die schlechte Welt nicht mit großen Tritten, sondern in
kleinen Schritten zum Guten und so weiter.

Und so einer ist der Pferdereiter, Pferdenarr und Pferde-
star Monty Roberts, ein Pferdepapa, wie er im Pferdebu-
che steht, nämlich in seiner Auto- und Pferdebiographie
»Der mit den Pferden spricht«.

102

Nun, liebe Kinder, worum geht es in Montys Pferdebuch? Nun, in Monty Roberts Pferdebuch geht es um ...
Pferde. Und da speziell um das Einreiten von Pferden;
um das Einreiten von wilden Pferden und von Pferden
mit schweren Pferdemacken. Also um eine Tätigkeit, die
in einem dichtbesiedelten Industriestaat wie Deutschland mit Sicherheit hier und da vorgenommen werden
muß, aber als Thema für einen Bestseller, gelinde gesagt, doch ein bißken überrascht.

Erst recht, wenn Monty meint, »**daß man einem
Pferd keine Elektroschocks verpassen darf; daß
man ihm auch nicht in die Oberlippe beißen, in die
Nase kneifen**« oder ins Gemächte treten sollte. »**Nicht
hauen, nicht gerten, nicht peitschen**« oder sonst wie
piesacken!

Barren ist auch so eine Sache.

Gut, Barren hab ich in der Schule schon gehaßt, aber nie
hätte ich gedacht, daß man einem Pferd keine Elektroschocks verpassen dürfe! Oder wochenlang die Beine
fesseln, in Dunkelkammern sperren und dann über
hunderte von Kilometern in den Wahnsinn galoppieren,
bis das Pferd am Arsch ist und nur noch »Leck mich«
flüstern kann.

Liebe Pferdefreunde! Liebe Mädels vom Immenhof!

Der Monty sagt, daß das bei Euch so gang und gäbe
sei! Beißen und Kneifen und Elektroschocks! Wenn ich
ein Pferd wäre, ich würde Euch mit Mann und Maus
erschießen lassen. Zumindest 'ne zeitlang einschläfern!

Nur: In der Pferdequäler-Szene hat man ja kein Ver-
ständnis für Pferdewünsche. Das hab ich auch aus diesem Buch gelernt: Die Verhältnisse, sie sind nicht so.

Dort kennt man ja noch nicht einmal die Pferdesprache. Was aber auch kein Wunder ist, denn die hat der
Monty erst in vielen, mühsamen Einzelgesprächen mit
diversen Pferden ... na, jedenfalls hat die Pferdesprache
jetzt schon mal wenigstens einen Pferde-Namen, und

der heißt »**Equus**«, und Equus heißt Pferd. Und der Monty hat 'ne Methode entwickelt, wie man Pferde wie Menschen behandelt, und nicht wie Alfons Schockemöhle.

Na, mir soll's egal sein. Ich kenn' eh kein Pferd.

Aber hellhörig wie eine junge Fledermaus wurde ich sofort, als das wieder losging mit diesen Vergleichen, mit diesen Mensch-Tier-Vergleichen! Mitten in der 125. Darstellung seiner humanoiden Pferdetaktik auf Seite 359 – solange mußte ich warten – gingen dem Monty denn doch noch die Pferde durch:

»**Ein 14-jähriger Junge fühlt sich von einem Mädchen seiner Klasse angezogen und folgt ihr auf Schritt und Tritt. Sie sagt, sie könne ihn nicht ausstehen, und geht weg. Er bleibt ihr auf den Fersen – im allgemeinen 60 Tage lang – und gibt dann auf. Bald können wir beobachten, daß nun sie anfängt, sich für ihn zu interessieren, und überall dort auftaucht, wo er hingeht. Meine Methode beruht genau auf diesem Phänomen.**«

Gut, das war jetzt harmlos; quasi nix gegen den bretternden Unterkiefer aus Kerpen. Und außerdem kann so'n Monty einem im Laufe von 390 Seiten auch ruhig mal einen vom Pferd erzählen.
   Aber skeptisch dürfen mich die folgenden Zeilen doch trotzdem machen, oder?

»**Gelingt Ihnen das Einreiten nach meiner Methode, dann haben Sie mir dabei geholfen, die Welt pferdegerechter zu machen. Mein Ziel ist es, daß die Welt, wenn ich sie eines Tages verlasse, für Pferde und Menschen schöner ist als zu Beginn meines Lebens.**«
   Nein! Nein! Und nochmals nein! Ich träume immer noch den Traum von einer Welt, in der es nicht nur den

Pferden und den Menschen gut geht, sondern auch den Würmern und den Weizsäckern, den Trottellummen, den Pinschern, den Schmeißfliegen und selbst dem Hooligan mit seiner Hooligans.

Naja, zumindest die Trottellumme sollten es einmal besser haben.

Gute Nacht.

(Juli 1998)

Das 20. Jahrhundert hat fertig!

»James Camerons Titanic«
von Ed W. Marsh

Liebe Leser!

Erster Weltkrieg, Zweiter Weltkrieg, Ebola und »Helmut, mach's noch einmal«; Ossis bei Aldi, Ossis im Fernsehen und »7 Tage – 7 Kröpfe«, ein Knallfrosch namens Kachelmann übernimmt »Einer wird gewinnen«, und dann wird bei Sat.1 auch noch das »Glücksrad« abgesetzt...

Man muß es nicht wissen, aber man hat's im Gefühl: Das 20. Jahrhundert hat fertig!

Doch auch wenn abzusehen ist, daß Sylvester '99 wieder zwanghaft sensible Mitbürger den Dachboden erklimmen, um Gott zu versuchen – die Hartgesottenen werden unten bleiben und weitermachen.

Sie werden weiterhin nach Düsseldorf in den Varieté- und Kaviar-Circus rennen, zu Oberfatzke Prominentenschleimkoch Peter Wodarz, und so lange da sitzen und warten, bis noch mal ein Hochseilartist aus 10 Metern Höhe in ihre Stör-Eier rasselt und sich dabei die Gräten bricht.

Der Rest geht ins Kino. Katastrophenfilme gucken.

Liebe Leser, nun haben diese Katastrophen-Movies ja alle ein Problem: Entweder sind sie unrealistisch wie »Mäusejagd«, »Flubber« und »Mutter Theresa«, oder Dünndriss wie »Diana«; »Mäusejagd«, »Flubber« und »Mutter Theresa«.

107

Selbst wenn es um Abermillionen von versafteten So-
forttoten geht: Mit wem soll man sich denn da identifi-
zieren? Wenn die Welt in die Luft fliegt, hat man vielleicht drei Tüten Popcorn im Bauch, aber keine großen
Gefühle!

Solches schwante auch dem alten Krach-Peng-Rumms-
Bums-Regisseur und ausgekochten Nitroglyzerin-Hasen
aus Hollywood, James Cameron, als er anhub, die Titanic zu versenken.

**»Der Tod von 1500 Menschen ist für unsere Her-
zen zu abstrakt. Deshalb entstanden die Charak-
tere Jack und Rose. Mein Film mußte in erster
Linie eine Liebesgeschichte werden.«**

Jetzt sind Filme, in denen Lokomotiven in Sackbahnhöfe
rauschen, Meteoriten die Erde schleifen und Androiden
andern Androiden Böses wollen, in der Tat eher was für
rationale Männer. Beim **»Untergang der Titanic«** aber
ist alles anders. Hier kommen auch Frauen auf ihre
Kosten.

Denn Frauen, sagt man, gehen lieber in die Tiefe. Die
gehen auch schneller ins Wasser. Frauen wollen unter
die Oberfläche schauen und auch in einem Problemfilm
eine kleine Prise Weizsäcker; sie wollen gemeinsam mit
netten Menschen bei multiplem Wellengang quasi in
einem Über-Uterus noch mal ihre ersten neun Monate
durchschunkeln oderwasweißich, vielleicht woll'n se
auch nur im Luxus schwimmen. Ich glaube, die rasen
alle nur in die Titanic wegen Leonardo da Capricio, oder
wie der Bursche heißt.

Nur, die Lovestory, lieber James, die kann's nicht sein.
Die ist so was von an den nassen Haaren herbeigezogen
– dagegen sind die »Sissi«-Filme stalinistischer Realis-
mus.

Ah, nee, ich hab's! Ich hab's mir grade anders überlegt:
Die neuen, aktuellen Mädels von heute sind nämlich
nicht mehr die von 1912, als sie nur Augen für Schnür-

korsetts und feine Schühchen hatten, aber nur affektiv die Schultern zuckten angesichts »**digitalisierter Green-Screen-Simulationen, Black-Box-Floppys und Mini-Mikroprozessoren**«.

Nee, nee, wie Karl-Heinz ist auch die Brigitte von heute voll weg, wenn sie mitkriegt, daß in einem »**77-Millionen-Liter-Tank 2 Millionen Kilo Stahl, 5 Tonnen Farbe, anderthalb Millionen Muttern und Nieten und 15000 flache Sperrholzstücke**« verbastelt worden sind.

Nee, nee, die Liebesgeschichte ist nur was für die feuchte Fangemeinde von Backfischgesicht Leo da Capricio, oder wie der Bursche heißt, wenn er am Bug erigiert den Mond anbrüllt: »I'm the Backfisch!«
Nee, nee, am Ende des Jahrhunderts geht der moderne Mann mit seiner modernen Maus konform:
Der Schrecken, z.B. bei einer tödlichen Massenkarambolage auf der A1, weicht augenblicklich ehrlichem Applaus und begeisterter Hochachtung für Sanitäter und Polizei, wenn sie ordnungsgemäß, technisch einwandfrei, akribisch und sauber die Verendeten spurenlos von der Straße kehren.

Und zu dem Buch sei noch gesagt:
Einmal gekauft, kann man sich's immer wieder umsonst angucken. Und auf den Bildern erkennt man auch sehr hübsch die anderthalb Millionen Muttern und Nieten, die Black-Box-Floppys und die 15000 flachen Sperrholzstückchen.
Was man im Film nicht sieht, einem im Buch aber um so mehr auffällt, sind die ca. drei Millionen Komma-Fehler.
Doch was bedeutet schon 'ne falsche Leerstelle im richtigen digitalen Leben?
Gute Nacht.

(Mai 1998)

109

Alice und Sissi – ein Heimatfilm

**»Romy Schneider – Mythos und Leben«
von Alice Schwarzer**

Liebe Leser!

Wie beginnt eine Frau, die von Beruf Frau ist, eine Biographie über eine andere Frau? Wie lauten die ersten Sätze aus der Feder einer Feministin, die bis heute nicht begreifen will, daß einem Mann beim ersten Blickkontakt nicht die inneren Werte auffallen können, sondern bestenfalls Beine, Rock und der möglicherweise tiefe V-Ausschnitt? Nun, Alice Schwarzer fängt folgendermaßen an:

»Als Romy Schneider das Kölner Fernsehstudio betritt, trägt sie einen schwarzen Hosenanzug, dessen Beine so weit geschnitten sind, daß er wie ein schmaler Rock wirkt. Über den schlichten, tiefen V-Ausschnitt baumeln lange, zartgliedrige Modeketten.«

Hätte ein Mann das billige Modegebaumel für erwähnenswert erachtet, es wäre ein Affront gewesen, typisch simpel oder simpel typisch. Unter der Hand von Alice aber verwandelt sich industriell zusammengekloppptes Massenklunkerkitschgehänge in einen zartgliedrigen, inneren Wert.

Dann dringt sie tiefer ein in die von Gott und den Genen geschaffene, natürliche weibliche Individual-Individualität: **»Geschminkt ist sie, wie immer, perfekt.«**

Und weil auch die mittlerweile 58-lenzige Alice die Vorteile von Puder, Pinsel, Pickelpaste zur Übertünchung des eigenen Verfalls nicht mehr missen möchte, schwadroniert sie hinter das »perfekt«: **»Ganz Gesicht und Ausdruck, ganz Sensibilität und Sinnlichkeit.«** Was wiederum nichts anderes ist als eine 1000-fach erprobte, männlich-zärtliche Leerformel aus dem Hause »The care company«.

Aber mit irgendwas muß man ja anfangen.

Und als Fachmannfrau macht sie es eben so, weil eben auch die anvisierten Käuferschichten, also Tucken, Tunten, Tanten, Sektenfrauen und Nostalgiefetischisten nur zu genau wissen, daß Romy Schneider seinerzeit die Welt nicht mit geistigen Ergüssen überschwemmt hatte, sondern mit Kostümkalauern wie **»Sissi«** I, II, III, französischem Geschlechterkriegspalaver à la **»Die Dinge des Lebens«,** und sich selbst mit Alkohol.

Yo! Liebe Leser! Und da sind wir schon in medias dingens, bei Papa, dem Krieg. Seit uns Friedhelm Brebeck mit seinem Lungenmaschinengewehr den kaputtesten Satzbau, wo gibt, durch die Glotze röhrt, ist wieder mal bewiesen, daß das erste Opfer eines jeden Krieges das Sprachzentrum ist. So sieht denn auch die Syntax von Alice aus:

»An diesem Abend schreit sie nicht. Sie schweigt. Nicht aus Arroganz. Aus Angst. Aus Unsicherheit. Aus Schwäche.«

Liebe Alice, auch wenn Krieg ist, so viel Zeit muß sein: Subjekt, Prädikat, Objekt! Als Anwältin aller Objekte kennst Du Dich doch aus! Und selbst dann, wenn das Patriarchat kein Nebenwiderspruch sein sollte, kannst Du Dir auch ruhig mal einen Nebensatz leisten!

Zu den Waffen einer Frau wie Alice gehört es, sich im Gespräch ohne Punkt und Komma durchzubeißen. Im Buch aber herrschen andere Gesetze. Dort wird man zum Opfer ihrer triebhaften Interpunktion:

»Als Kind wird Romy wiederholt ins Badezimmer eingesperrt. Später wird sie sich dann in Daddys Gegenwart noch aus ganz anderen Gründen einsperren...« Pünktchen, Pünktchen, Pünktchen.

111

Liebe Pünktchen-Alice, nennt man das jetzt sensibel oder Pünktchen-Mißbrauch oder einfach nur Gossen-Boulevard? »**Pornographie ist die Theorie, Vergewaltigung die Praxis.**« Alice, who the fuck hat das noch mal gesagt? (Obwohl auch der Spruch so intelligent ist wie hundert Meter Feldweg).

Ja, ja, wenn Alice mit ihrem Frauen-Latein am Ende ist, geht eben das muntere Vermuten los. Da scheint es zu scheinen, da kann es auch können, da hat der Konjunktiv Hochkonjunktur und ist weibliche Phantasie Not am Mann.

Und wer als Triebtäter derart über die unschuldige deutsche Sprache herfällt, der treibt's dann auch mit der Heimat – bis Rotz und Blut und Wasser laufen:

»**Einmal beginnt Romy zu weinen. Es ist, als wir über Deutschland sprechen.**« So weit, so tief, so deutschland-dämlich.

Richtig witzig wird's dann wieder, als Adolf auf die Bühne stiefelt, und Romy die Karten legt:

»**Ich glaube, daß meine Mutter ein Verhältnis mit Hitler hatte**«. Potzblitz! Als ob das nicht genügte, macht Alice noch einen drauf:

»**Ich hatte das zunächst für ein Phantasieprodukt eines heftigen Mutter-Tochter-Konfliktes gehalten. Doch bei Licht besehen ist es gar nicht ausgeschlossen. (...) Denn ohne das war eine Filmkarriere in der Nazizeit gar nicht möglich.**«

Mein Jott! Adolf poppt Schauspielschööler! Die Kriegsgeneration hatte schon 'nen gewaltigen Hau weg; aber Ihr Trümmerkinder, Ihr habt auch 'nen ziemlichen Schatten!

Kommen wir zum Schluß zum Sinn! Alices feministische Feinanalyse nach 30 Jahren intensivster Frauenforschung:

Wenn es keine Männer gäbe, hätte sich eine Politikerin wie Petra Kelly nicht erschießen müssen. Wenn es keine Männer gäbe, hätte eine Gräfin wie Marion Dönhoff nicht so ein widerständiges Leben führen müssen.

Wenn es keine Männer gäbe, hätte eine Schauspielerin wie Romy nicht das Saufen angefangen.

Ja, und wenn es keine Alice Schwarzer gäbe, wären wir nie in den Genuß eines solchen Satzes gekommen:

»In keinem Metier ist die Kluft zwischen dem, was scheint, und dem, was ist, so groß wie in der Filmschauspielerei.«

Alice, ich kenne noch so ein Metier. Hört mit »Journalismus« auf und fängt mit »Emma« an.

Gute Nacht.

Nachtrag:

Jetzt hab ich doch glatt den Weizsäcker vergessen. Aber Frau Weizsäcker ist ja auch kein richtiger Mann.

(November 1998)

Wechseljahre

»Das Lexikon der Öko-Irrtümer«
von Dirk Maxeiner/Michael Miersch

Liebe Leser!

Jede Schwanz- und jede Ameise, nicht wahr,
  Jeder Affe, jedes Zebra,
  Jeder Biber, jede Kobra,
  Zitteraal, Pantoffeltierchen,
  Ochsenfrosch und Honigbienchen
  Lachender Hans und alberne Gans,
  Alle, alle sind sich einig: Das ganze Leben ist bloß Zu-
fall. Hier und da mal böser Wille; ansonsten alles Zufall.
Höchstens der Gartenigel, dem ab und zu ein fauler
Boskop in den Rücken fällt, käme auf den Einfall: Da
muß es noch mehr geben zwischen Abfall und Zufall.
  Und wo der Igel recht hat, da hat der Igel recht! Da-
zwischen gibt es nämlich noch Overall, Schweinestall
und Feldmarschall.

Doch wie ist das so beim Menschen? Nun, ob Durchfall,
Ausfall, Maskenball – egal, seit Automann Schröder und
Autonom Fischer die neuen Kühlerfiguren abgeben,
brummt ein Bestseller an die Spitze mit dem konsequen-
ten Titel:
  **»Lexikon der Öko-Irrtümer – überraschende
Fakten zu Klima, Gen, Ozon und Öko«** und Riesen-
zufall; erschienen überraschenderweise bei Eichborn,
dem sog. **»Verlag mit der Fliege«**, einem Verlag, der
sich sonst von der Bauernweisheit ernährt: »80 Millionen Fliegen können nicht irren«.

Aber so ist das heute wohl: Man muß den Kopf nur drehen, knacks! ändert sich das Denken, und es geht rund!

Nichtsdestotrotz hat das Buch auch seine guten Seiten und überraschend viele überraschende Fakten:

Gerade den Kölner, den Chines' und den Bangladeshi wird es interessieren, daß sie sich die Überschwemmungen zwar nicht eingebildet haben, »**daß es aber zu jener Zeit eben auch viel geregnet hatte.**«

Auch die irre Luftverpeste ist heute nur noch halb so dolle: Es gab Zeiten – Überraschung!! – da haben nicht mal die ekligsten Krabbelwürmer überlebt, damals im Paläozoikum, vor exakt »**350 Millionen Jahren, als die Vulkane**« overall zugange waren.

Und überhaupt wird alles besser, insbesondere – Überraschung!! – in der Bundesrepublik: So wie es seit '45 dank Weizsäcker keine Leichenberge mehr gibt, so schrumpfen seit dem Müllbergschrumpfen die Müllberge. Und dafür brauchte man den Deutschen nicht mal ändern, sondern nur seine Instinkte umleiten. »**Sammeln, sortieren, verbrennen, vergasen**« – es kommt eben drauf an, was.

Auch beim Wald- und Arten-Exitus muß man ganz genau hingucken: Das einzige, was tatsächlich aussterben könnte, und zwar aufgrund einer z.Z. europaweit grassierenden unterirdischen, esoterischen Heilserwartung, sei eine Wunderwurzel gegen Prostata, »**Prunus africana, das Afrikanische Stinkholz.**« Ja nu, vielleicht sollte man einfach mal den Neger fragen. Unter Umständen ist der ja sogar froh, wenn das Zeugs endlich wegkommt.

Und wo wir grad beim Neger sind: Von der weisen westlichen Welt aus ergeht doch seit Jahren die Aufforderung an den schwarzen Mann, den Geschlechtsverkehr ein bißchen einzuschränken. Weil sonst die Bevölkerung noch explodiert. Und Konrad Lorenz, die alte Graugans, immer vorneweg mit der Parole: »Angesichts der Überbevölkerung könnte man eine gewisse Sympathie für Aids entwickeln.«

Jetzt ist es nur so, daß die Staaten mit der dicksten Überbevölkerung Deutschland, Holland, Monaco und der Vatikan sind. Und kein sexualpolitischer Oberförster kommt hier im Traum auf den Gedanken, aidsmäßig da mit gutem Beispiel voranzugehen.

Aber auch die Autoren können es sich nicht verkneifen, dem Neger den Spaß zu vermiesen: **»Das bis in die entlegendsten Winkel verbreitete Fernsehen könnte noch stärker als die Pille zur Senkung der Geburtenrate beitragen.«** Da hör' ich doch den Neger schon rufen: »Was?! Domian und Dämelack jetzt auch bei uns? Huhuhu! Dann schon lieber Aids!«

Etwas aufschlußreicher erscheint mir da eher das Kapitel über die Windeln: Was soll ich denn jetzt kaufen? **»Baumwollwindeln, Wegwerfwindeln, Einwegwindeln oder die Mehrwegwindel«**? Leider, und das ist wirklich schade, kommen in der Windeldiskussion weder die praktische Mehrzweckwindel noch die neue Windelwindel zu Wort? Dennoch: Hier wird ein großer Windelschwindel restlos aufgedeckt.

Was die Autoren nun ganz und gar nicht riechen können, ist Bauerntum und Landwirtschaft! Sie sprechen auch nicht von »Landwirtschaft«; die sagen direkt **»Güllewirtschaft«**. Weil die Bauern rund um die Uhr nur Scheiße bauern. Und da ist was dran. Wegen der abnormen Masse an Gülle ist im Umkreis von zig Kilometern nämlich alles tot. Zu diesem ungeheuren Mist gesellt sich zudem noch eine Massenfurzerei unvorstellbaren Ausmaßes: **»30% der gesamten deutschen Methan-Emissionen«** pupsen allein die Rinder in die Luft. **»Allerdings, einem mittelgroßem Elephanten entweicht 24 mal so viel.«** Na, dufte! Und schon hat der Neger wieder den Schwarzen Peter. Hutu, paß op!

Mein Reformvorschlag zur Güte: Wie wäre es mit Windeln? Von mir aus auch unbegrenzt halt- und recycelbare Mehrfachwegwerfvollwertbaumwollwindeln aus

windelweichen Mehrzweckwindelwindeln. Obwohl ...
Kühe mit Windeln an sehen auch Scheiße aus. (Siehe
Ogger).

Liebe Leser! Was bleibt nach Aufdeckung aller Irrtü-
mer? Nun, »**Überfischung der Meere, Holzerei im
Regenwald, Trinkwasserverseuchung und Aus-
plünderung der 3. Welt, nicht zu vergessen die
globale Güllewirtschaft.**«
Nun, das wußten wir auch vorher. Auch das mit den
Vulkanen. Was wir nicht wußten, war, daß Erich Ho-
necker und seine Frau die größten Öko-Schweine dieser
Erde waren. Die Kommunisten, diese Geißeltierchen des
blauen Planeten! Tja, Überraschung!!
Und als Beweis servieren uns die beiden Oberirrtümer
Herr Maxeiner und Herr Miersch, die übrigens im Nor-
malfall Reklametexte für die Firma Hoechst erfinden,
»**einen kleinen Auszug aus dem Sündenregister
des Sozialismus.**«
»**Quelle: Bundesministerium für Umwelt und
Reaktorsicherheit.**«

Für die einen mag es Zufall sein, für die anderen die
Nachtigall; am Ende waren's wahrscheinlich nur die
Wechseljahre.
Gute Nacht.

(Oktober 1998)

Fuck the World
and make yourself happy

»In eisige Höhen«
von Jon Krakauer

»Die 3 bis 4 Steintoiletten in dem Nest waren mit Exkrementen überschwemmt und dermaßen ekelerregend, daß die meisten es vorzogen, sich im Freien zu entleeren, wo immer es einen überkam. Die Masse der Flöhe und Läuse auf den fleckigen Matratzen vertrieb man durch einfaches Schütteln.«

Liebe Leser, wir befinden uns hier nicht mit Herrenreiter Weizsäcker beim Vormarsch auf Moskau in einem ausradierten Russenkaff; auch nicht in dem neuesten Seelensondermüll von Peter Lauster: »Mich laust der Affe«.

Oh, nein. Wir befinden uns in Lobuja oder so ähnlich, der höchsten menschlichen und darmbakterienverseuchten Ansiedlung am Fuße des Mount Everest.

Oder prosaischer ausgedrückt: »**In eisigen Höhen**« von Jon Krakauer auf Seite 80.

Im Wonnemonat Mai, genau vor zwei Jahren, hatte Jon Krakauer, der extrem sportive Extrem-Journalist der Extrem-Postille »**Outside**« eine extrem fit-for-funnige Bergbekraxelung absolviert und anschließend daraus einen extremen Verkaufsrenner geschustert, der nun sämtliche Siebenmeilenstiefel-Traktate von Yeti Messner locker und thrillerig in den Schatten stellt.

Aber extrem ist nicht nur Klettermaxe Jon-Boy und

seine extrem moderne Bergpredigt. Extrem war wohl das ganze muntere Schnee- und Menschentreiben als solches:

Die Sorgen und die Nöte,
Aber auch die Abendröte,
Die Menschlichkeit und das Milieu,
Die dünne Luft und Diarrhöe,
Tod und Teufel, Sex mitunter,
Ach, das ganze Rauf und Runter.

Allen, die immer noch glauben, sagen zu müssen: »Berge? Wat soll dat?«, seien flott ein paar harte Fakten nachgetragen:

Der Everest ist mit seinen 8846 Metern der steilste Eumel der Welt!

Wer einigermaßen wieder runterkommt, darf sich König Eumel nennen.

Für eine 6-wöchige Gliedwanderung darf jeder kleine Luis Trenker seinem Bergstrizzi aber erst mal 65000 Dollar in den Beutel blättern; nicht inbegriffen: Hinflug, Rückflug, Klopapier.

Oben ist es dann relativ kalt, und mit zu wenig Sauerstoffflaschen kann die Party niemals öde werden, dafür jedoch extrem kurz.

Und das alles ist überhaupt nur zu schaffen mit Hilfe von Eingeborenen, den sogenannten Sherpas, den Negern vom Himalaja.

Aber noch sind wir erst auf 6000 über Normal Null. Und Krakauer erzählt:

»Der Fund der ersten Leiche hatte mich zutiefst erschüttert. Der Schock beim Anblick der zweiten legte sich beinahe sofort.« Und zwei Schritte weiter: **»Die Hänge des Everest sind übersät mit Leichen. Wer auf der Route stirbt, dient als Wegmarke. Nur wenige der vorbeiziehenden Bergsteiger schenkten dem zweiten Toten noch größere Beachtung.«**

Ah, bevor ich's vergesse: Liebe Leser, fangen Sie mit der Lektüre dieses Buches keinesfalls unter der Woche an – die Nacht wird nämlich durchgelesen und der nächste Arbeitstag sehr grausam. Aber, Sie machen ja eh, was Sie wollen.

Von den ca. 300 Durchgeknallten, die im Mai '96 über Hunderte von Gletscherspalten robbten und den erkalteten Kameraden nicht mal »Tach« sagten, erreichten grade mal 84 den Höhepunkt, und jeder hatte irgendwat anderes: Lungenödem oder Hirnödem, gebrochenen Knochen, weiche Birnen, zugefrorene Augen und vor allem lustige Verhaltensweisen.

Die New Yorker Jet-Set-Maus Sandy Pittman (»**Lieber sterbe ich am Everest als beim Überqueren der Madison Avenue zwischen Armani und Versace!**«) mußte z. B. unbedingt ihren Schlepptop incl. Drucker und ein Täschchen voller Ostereier mitschleppen, was dazu führte, daß Sherpa, der Schlepp-Neger, gezwungen war, die Jet-Set-Maus auf den letzten 800 Höhenmetern huckepack zu nehmen, incl. Schlepptop, Drucker und Ostereier.

Daß aber prinzipiell hoch auf dem Zipfel, at the top of the pop, zum Verrecken kein orgiastisches Feeling aufkommen wollte, lag weniger daran, daß Schnee und Geröll von oben auch nicht anders aussehen, sondern daran, daß durch wochenlange Baggerei, schleichenden Hirnverfall und Sauerstoffmangel praktisch schon vorher alle balla-balla waren.

So blieb auch Herr Krakauer nur knappe 5 Minuten, in denen er noch volles Rohr 4 Photos schoß, bevor er dann zum Lager latschte.

Wenn in dem Moment nicht aus heiterem Himmel ein Schneesturm um die Ecke gebraust wäre, der zwei Tage lang mit 200 km/h und minus 75 Grad in der Truppe für gewisse Unruhe sorgte, hätte Krakauer für sein Kampfblatt »Outside« nur eine extrem lahme Insider-Story schriftstellern können.

So aber kamen im Mai doch noch summa summarum

gut zwölf Leichen zusammen. Und einige Gestalten, die sich von sämtlichen Zehen, Fingern und ganzen Unterarmen trennen mußten. Und einer sogar von seiner Nase.

Bleibt nachzutragen: 12 von 300 sind alberne 4%. In der Regel haben wir da oben nämlich 'ne Quote von 24. Davon sind allerdings – falls es jemanden tröstet – ein dickes Drittel Schlepp-Neger.

Zum guten End, liebe Leser, selbstverständlich die Frage der Fragen: Muß das denn alles sein? Ich meine nein. Schließlich gibt's doch jetzt 'ne Pille für den Eumel sein Problem: »Viagra – und der Berg kann rufen, bis er umkippt!«
Gute Nacht.

(Juni 1998)

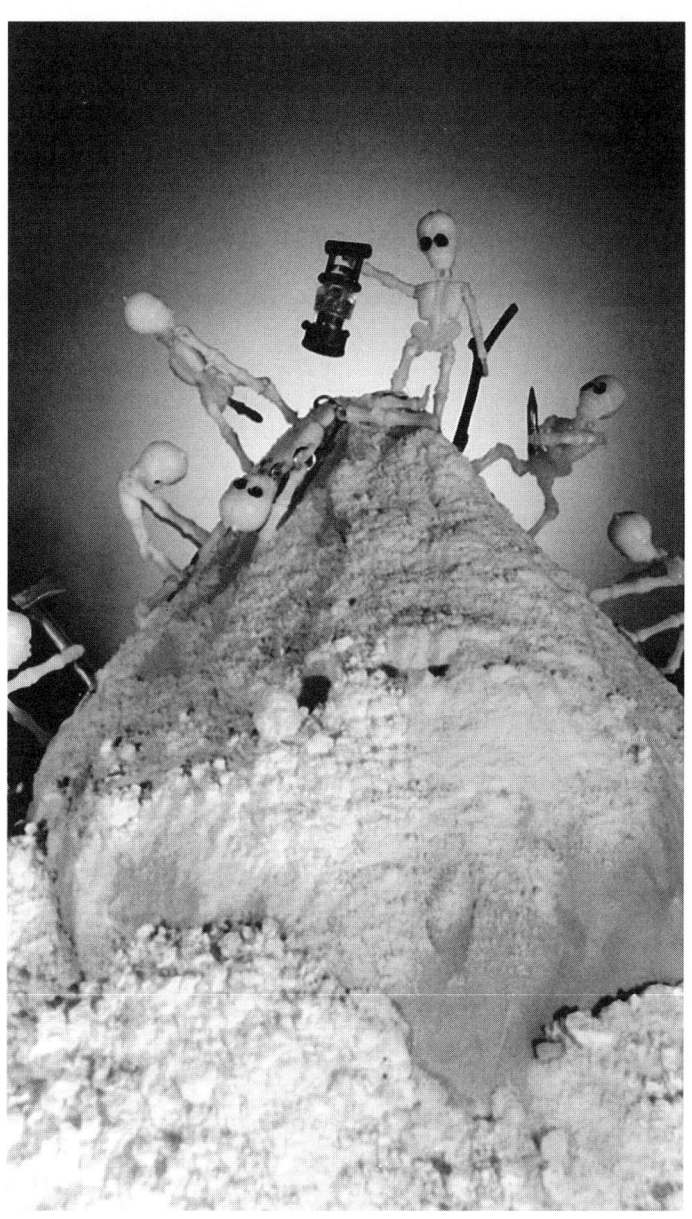

Wer's glaubt, wird yetisch

»Yeti – Legende und Wirklichkeit«
von Reinhold Messner

Liebe Leser!

Als Reinhold Messner im September '86 von seinem 14. Achttausender heruntergehustet kam, keuchte er den Journalisten ins Mikrophon: »Ich habe den Yeti gesehen!« Hätte er gesagt: »Ich weiß jetzt, wie man ein 3-Liter-Auto baut!« oder »Ich bin ein Tirolerhut!« ... kein Mensch hätte ihm das krumm genommen. Er aber beharrte auf seinem haarigen Yeti, und fortan wurde Reinhold von der Menschheit gehänselt, daß es nur so gretelte.

Ob in österreichischen Fußgängerzonen oder im unwegsamen Hindukusch, überall stellten sich ihm halbgare Gören in den Weg, trommelten auf die Hühnerbrust und riefen: »Du Yeti? Wir auch Yeti!« In der Antarktis machten sich selbst ganze Pinguin-Kolonien vom Acker, wenn sie ihn nur von weitem sahen. Sogar seine treuen Bergkameraden spötterten ihm beim Kraxeln hinterher: »Du hast doch nicht mehr alle Tassen im Rucksack!« Und mit »Sack ... Sack ... Sack!« gab ihm dann das Echo noch den Rest.

Die wenigen, die zu ihm hielten, waren die Himalajaner, die Kathmandusen und Buthanesen, die Nepalesen, Sikkinesen, Pekinesen und Tibetesen, für die der Yeti allerdings nun wirklich nichts Besonderes ist, genauso wie der Känguruh-Elephant Dödi für die Dödis in der Dödi-Wüste.

124

Der Himalaja-Yeti ist nämlich im Himalaja ein alter, bekannter, monströser Schneemann, der zwar ab und zu mit Steinen wirft, aber ansonsten nur den Ruf genießt, ein ungeheuer scheuer und zotteliger, trotteliger Eigenbrötler mit garstig Mundgeruch zu sein, der sich alle Jubeljahre nächtens mal 'ne Jungfrau mopst und dessen Füße verkehrt herum an den Fußgelenken sitzen, damit seine Verfolger immer in die falsche Richtung laufen.

Ach ja, und Kinder machen sich vor ihm schnell mal in die Hose, und man kriegt ihn einfach nicht geknipst, weil die Kamera meistens irgendwie kaputt ist.

Naja, auf jeden Fall hatte Reinhold ihn gesehen, mit eigenen Haut und Haaren. Das Dumme war nur: Er war weltweit der einzige. Der Reinhold. Und nach 12 Jahren Yeti-Jagd und 20000 Kilometern Fußmarsch besaß er grade mal zwei verwackelte Photos von Wesen, die eher nach Kelly-Family aussahen als nach sonst was.

Wie dem auch sei: Als Reinhold dann vor einiger Zeit seinen 2. großen Satz tat, und zwar diesmal von der Gartenmauer runter, klingelte es endlich bei ihm. Am anderen Ende der Leitung war der Fischer Verlag. »Reinhold,« donnerte der Fischer Verlag, »mach Schluß! Und schaff uns bloß den Yeti vom Hals!«

Liebe Leser, sind Sie noch da? Okay. Nur noch ganz kurz: In Windeseile haute Reinhold daraufhin zusammengemurmelte Halluzinationen von tibetanischen Murmel-Mönchen und einen wahren Segen an verkokster Struwwelpeterfabulistik in die Maschine, lud die Weltpresse zur Konferenz und verkündete: »**Der Yeti ist ein Braunbär!**«

Ende gut, alles gut. Könnte man meinen. Doch so war es mitnichten.

Die Weltpresse, die 12 Jahre lang behauptet hatte, es gebe keinen Yeti, allenfalls einen Braunbären, vor dem sich im Himalaja seit alters her traditionell alles in die

Hosen mache, wollte sich nun ausgerechnet von Reinhold partout nicht sagen lassen, es gäbe keinen Yeti, allenfalls einen Braunbären, vor dem sich im Himalaja seit alters her traditionell alles in die Hosen mache.

Egal, wie man's macht, es ist verkehrt.
   Liebe Leser, warum aber ... hallo, sind Sie noch da? Okay! Warum aber, so frage ich Sie jetzt, wird so was dann trotzdem noch ein Bestseller? Wahrscheinlich wegen so was:

»Obwohl niemand von uns wirklich daran glaubte, waren wir doch fest davon überzeugt, irgendwann den Yeti auftauchen zu sehen.« Alles klaro? Also gut, noch einmal, ganz langsam:
   »Obwohl niemand von uns wirklich daran glaubte, waren wir doch fest davon überzeugt« undsoweiter. Nun, so was wird halt für Menschen gedruckt, die auch an den Känguruh-Elephanten glauben. Und das sind ca. 50% aller Deutschen.

Die restlichen 100%, die politisch Interessierten, bedient der Reinhold mit einem kleinen Exkurs zur Ausländerfrage:

»Nichts stellt eine solche Bedrohung für das Überleben des tibetischen Volkes dar wie die relativ friedliche Einwanderung von Chinesen. Es gibt keinen Zweifel, hier geht es darum, den Überlebenswillen des tibetischen Volkes zu brechen.« Die deutsche Schutzstaffel von Otto Schily bis Otto Normal hätte es nicht besser formulieren können.

Und fertig ist der Bestseller! Doch genug ist nicht genug. Denn wo Yetis und Tibeter wandeln, darf natürlich ihr scherzendes Oberhaupt nicht fehlen. So führte der Reinhold mit dem heiligen Witzbold noch ein Gespräch, welches folgendermaßen endete:

126

»Vielleicht ist der Braunbär mit dem Yeti identisch,« vermutete der Dalai Lama.

»Ich bin mir seit einigen Monaten dessen sogar sicher,« antwortete ich und legte einen Finger auf die Lippen, wie mein Gegenüber es auch tat, als gelte es, vor den anderen ein Geheimnis zu hüten.«

Tja, bleibt da nur noch ein Rätsel zu lösen: Wer hat dann dieses Buch geschrieben?

Gute Nacht.

(November 1998)

Aus der Reihe Critica Diabolis

21. Hannah Arendt, Nach Auschwitz, 26.-DM
33. Wolfgang Pohrt, Das Jahr danach, 36.-DM
36. Eike Geisel, Die Banalität der Guten, 26.-DM
44. Klaus Bittermann/Gerhard Henschel (Hg.),
          Das Wörterbuch des Gutmenschen Bd.1, 28.-DM
45. Bittermann (Hg.), Serbien muß sterbien, 28.-DM
50. Harry Mulisch, Die Zukunft von gestern, 38.-DM
52. Rebecca West, Gewächshaus mit Alpenveilchen, 32.-DM
53. Klaus Bittermann/Wiglaf Droste (Hg.)
          Das Wörterbuch des Gutmenschen Bd.2, 28.-DM
54. Wiglaf Droste, Brot und Gürtelrosen, 20.-DM
55. Wolfgang Pohrt, Theorie des Gebrauchswerts, 34.-DM
56. Mathias Wedel, Erich währt am längsten, 26.-DM
57. Georg Seeßlen, Natural Born Nazis, 28.-DM
59. Bittermann/Roth (Hg.), Wieder keine Anspielstation, 28.-
60. Guy Debord, Panegyrikus, 32.-DM
61. Albert Hefele, Grauenhafte Sportarten, 24.-DM
62. Susanne Fischer/Fanny Müller, Stadt Land Mord, 29.80
63. Jane Kramer, Unter Deutschen, 44.-DM
65. Guy Debord, Die Gesellschaft des Spektakels, 40.-DM
66. Fritz Eckenga, Kucken, ob's tropft, 24.-DM
69. Mathias Wedel, Wie ich meine Kinder mißbrauchte, 22.-DM
70. Fanny Müller, Das fehlte noch! 28.-DM
73. Robert Kurz, Dabeisein ist alles, ca. 28.-DM
74. Kurt Scheel, Ich & John Wayne, 39.80 DM
75. Eike Geisel, Triumph des guten Willens, 30.-DM
76. Kahl/Schneider, Böse Mädchen kommen überall, 24.-DM
77. Fritz Eckenga, Ich muß es ja wissen, 24.-DM
78. Hefele/Roth (Hg.), Alle meine Endspiele, 30.-DM
79. Susanne Fischer, Versuch über die Sahnetorte, 26.-DM
80. Das Who's who peinlicher Personen, Jahrbuch 98, 26.-DM
81. Elke Schubert (Hg.), Wenn Frauen zu sehr schreiben..., 24.-DM
82. Bittermann/Roth (Hg.), Journalismus als Eiertanz, 34.- DM
83. Roger Willemsen, Bild dir meine Meinung, 32.- DM
84. Wolfgang Nitschke, Bestsellerfressen, 24.- DM
85. Robert Kurz, Die Welt als Wille und Design, 28.- DM
86. Wie Dr. Joseph Fischer lernte, die Bombe zu lieben, 30.- DM
87. Klaus Bittermann (Hg.), It's a Zoni, ca. 26.- DM
88. Das Who's who peinlicher Personen, Jahrbuch 99, ca. 24.- DM
89. Eckhard Henscheid, Meine Jahre mit Sepp Herberger, ca. 40.- DM

Internet: http://www.txt.de/tiamat